한국어능력시험

TOPIK II
듣기

다락원

한국어능력시험

TOPIK II 듣기 합격특강

지은이 전나영, 손성희
펴낸이 정규도
펴낸곳 (주)다락원

초판 1쇄 인쇄 2024년 3월 05일
초판 1쇄 발행 2024년 3월 20일

기획 권혁주, 김태광
총괄편집 이후춘
책임편집 김효은, 전수민

표지 디자인 최예원
내지 디자인 정현석, 최예원, 김민정
마케팅 백수하
영상기획 홍범석, 박현
영상촬영·편집 전광욱

다락원
경기도 파주시 문발로 211
내용문의: (02)736-2031 내선 291~296
구입문의: (02)736-2031 내선 250~252
Fax: (02)732-2037
출판등록 1977년 9월 16일 제406-2008-000007호

ISBN: 978-89-277-7378-8 13710

http://www.darakwon.co.kr

다락원 홈페이지를 방문하시면 상세한 출판 정보와 함께 MP3 자료 등 다양한 어학 정보를 얻으실 수 있습니다.

한국어능력시험

TOPIK II
듣기

전 세계적으로 K-컬처의 영향력이 커지면서 한국의 문화나 콘텐츠, 한국어에 대해 관심을 가지는 외국인이 지속적으로 증가하는 추세이다. 이에 따라 외국에서의 한국어 입지도 넓어져 외국 대학에서 한국어과를 개설하거나 한국어를 대입 시험과목으로 채택하는 국가가 많아지고 있다. 또한 한국 대학에서 공부하거나 한국 기업에 취업하고 싶어 하는 외국인의 수요도 늘어가고 있다.

한국어능력시험(TOPIK)은 한국어 사용 능력을 측정·평가할 수 있는 시험으로 한국에서 유학하거나 취업하고자 하는 외국인이라면 이 시험에 응시하여 각 요건을 충족시킬 수 있는 자격을 획득해야 한다. 한국어능력시험의 등급을 인정하는 기관이 많아지면서 응시자도 더욱 많아질 전망이다. 한국어능력시험의 응시자 수요가 많아짐에 따라 시험 시행 횟수가 늘어나고 있으며 시험을 실시하는 해외 지역도 확장되고 있다. 또한 인터넷 기반 시험(IBT)을 도입하여 더 많은 학습자가 시간과 장소의 제한 어려움 없이 응시할 수 있도록 편의를 제공하고 있다.

이에 따라 이 책은 한국어능력시험을 준비하는 학습자를 위해 기획되었다. 한국어능력시험을 준비하면서 가장 중요한 것은 시험 문제의 경향에 대한 파악과 다양한 문제 풀이를 통한 충분한 연습이다. 이 책에서는 학습자가 문제를 풀 때 어떤 점에 중점을 두고 문제를 이해해야 하는지 전략적으로 파악할 수 있도록 제시하였다. 또한 시험 경향에 맞춘 문제를 풀어봄으로써 문제 풀이 능력을 향상시킬 수 있도록 구성하였다. 혼자 학습하는 학습자를 위해 동영상 강의도 제공하여 시험 준비에 서툰 학습자들에게 도움을 주고자 하였다.

이 책으로 한국어능력시험을 준비하는 학습자들이 필요한 자격을 얻을 수 있기를 바라며 한국 생활이나 업무 수행에 필요한 언어 기능을 정확하고 유창하게 수행하여 정치, 경제, 사회, 문화 전반에 걸쳐 자유롭게 이해하고 사용할 수 있기를 기대한다.

이 책의 특징

이 책은 한국어능력시험(TOPIK)의 문제를 분석해서 토픽Ⅱ 듣기 50문제를 4개 유형으로 분류했다. 한 지문에 한 문제만 연습할 수 있도록 해서 총 100개의 지문을 듣고 학습할 수 있도록 구성했다.

☞ 유형❶은 내용을 듣고 그림이나 그래프를 고르는 문제 유형이다.

☞ 유형❷는 내용을 듣고 이어지는 대화나 행동을 찾는 문제 유형이다.

☞ 유형❸은 내용을 듣고 전체적인 내용을 파악하는 문제 유형이다. 화자의 중심 생각 파악하기, 화자의 의도 파악하기, 화자의 신분 파악하기, 화자의 태도 파악하기, 주제 파악하기, 이전의 대화 내용 찾기 등이 있다.

☞ 유형❹는 내용을 듣고 세부적인 내용을 파악하는 문제 유형이다. 일상적인 대화 내용 이해하기, 안내 방송의 내용 이해하기, 뉴스의 내용 이해하기, 인터뷰의 내용 이해하기, 공적인 상황의 대화 내용 이해하기 등이다.

지문의 내용은 사회, 경제, 문화 등 다양한 내용을 연습할 수 있도록 구성했으며 개인적인 상황과 공적인 상황의 지문을 골고루 구성했다.

일반 듣기 음성뿐만 아니라 시험장에서 들리는 듣기 음성에 맞춘 파일도 함께 제공하여 학습자가 실제 시험을 체감할 수 있도록 하였다. 각 문제마다 동영상 강의가 있어 문제 풀이에 도움을 준다.

【유형A】의 문제 풀이 강의를 무료강의로 제공한다.

【듣기 파일】은 다락원 홈페이지(www.darakwon.co.kr)에서 다운로드 할 수 있다.

기본 음성과 실제 시험장 스피커에서 들리는 음성 두 가지로 연습해 볼 수 있다.

문제를 풀 때 도움이 되는 방법을 【전략】으로 제시했다.
【전략】을 참고하여 문제를 풀어보자.

각 지문에서 학습 목표가 되는 표현을 【주요표현】으로
제시했다.

【예문】은 표현에 대한 이해를 돕기 위해서 【주요표현】
에서 제시한 표제어가 사용된 문장을 제시했다.

【확장】은 【주요표현】에서 제시한 표제어와 유사한 의
미의 표현, 반대 의미의 표현, 호응하는 명사나 서술어
등 표제어와 같이 공부하면 효과적인 표현을 제시했다.

【듣기 지문】에서 문제 풀이의 포인트가 되는 부분을
표시하였다.

【풀이】는 문제의 정답에 대한 풀이이다. 어떻게 정답이
되는지 왜 오답인지를 설명해 준다.

01 시험 목적

● 한국어를 모국어로 하지 않는 재외동포·외국인의 한국어 학습 방향 제시 및 한국어 보급 확대
● 한국어 사용 능력을 측정·평가하여 그 결과를 국내 대학 유학 및 취업 등에 활용

02 응시 대상

응시 자격 제한이 없으나 재외동포 및 한국어를 모국어로 사용하지 않는 외국인 한국어 학습자 및 국내 대학 유학 희망자, 국내외 한국 기업체 및 공공기관 취업 희망자, 외국 학교에 재학 중이거나 졸업한 재외국민

03 시험의 주요 활용처

● 외국인 및 재외동포의 국내 대학(원) 입학 및 졸업
● 정부 초청 외국인 장학생 프로그램 진학 및 학사관리
● 국내외 기업체 및 공공기관 취업
● 국외 대학의 한국어 관련 학과 학점 및 졸업요건
● 영주권/취업 등 체류비자 취득

04 토픽 Ⅱ PBT 시험 수준 및 평가 등급

영 역	시험시간	유 형	문항수	배 점	급수 구분 점수
듣 기	110분	선다형	50	100	[3급] 120 ～ 149
쓰 기		서답형	4	100	[4급] 150 ～ 189
					[5급] 190 ～ 229
읽 기	70분	선다형	50	100	[6급] 230 ～ 300

05 등급별 평가 기준

3급	• 일상생활을 영위하는 데 별 어려움을 느끼지 않으며 다양한 공공시설의 이용과 사회적 관계 유지에 필요한 기초적 언어 기능을 수행할 수 있다. • 친숙하고 구체적인 소재는 물론, 자신에게 친숙한 사회적 소재를 문단 단위로 표현하거나 이해할 수 있다. • 문어와 구어의 기본적인 특성을 구분해서 이해하고 사용할 수 있다.
4급	• 공공시설 이용과 사회적 관계 유지에 필요한 언어 기능을 수행할 수 있으며, 일반적인 업무 수행에 필요한 기능을 어느 정도 수행할 수 있다. 또한 뉴스, 신문 기사 중 비교적 평이한 내용을 이해할 수 있다. 일반적인 사회적·추상적 소재를 비교적 정확하고 유창하게 이해하고 사용할 수 있다. • 자주 사용되는 관용적 표현과 대표적인 한국 문화에 대한 이해를 바탕으로 사회·문화적인 내용을 이해하고 사용할 수 있다.
5급	• 전문 분야에서의 연구나 업무 수행에 필요한 언어 기능을 어느 정도 수행할 수 있으며 정치, 경제, 사회, 문화 전반에 걸쳐 친숙하지 않은 소재에 관해서도 이해하고 사용할 수 있다. • 공식적·비공식적 맥락과 구어적·문어적 맥락에 따라 언어를 적절히 구분해 사용할 수 있다.
6급	• 전문 분야에서의 연구나 업무 수행에 필요한 언어 기능을 비교적 정확하고 유창하게 수행할 수 있으며 정치, 경제, 사회, 문화 전반에 걸쳐 친숙하지 않은 주제에 관해서도 이해하고 사용할 수 있다. • 원어민 화자의 수준에는 이르지 못하나 기능 수행이나 의미 표현에는 어려움을 겪지 않는다.

목 차

유형 4 세부 내용 이해하기

그림 또는
그래프 고르기

1 대화가 이루어지는 장소 찾기
토픽II 듣기 1번 문제

2 대화 내용에 맞는 행동 찾기
토픽II 듣기 2번 문제

3 대화 내용에 맞는 그래프 찾기
토픽II 듣기 3번 문제

[유형 A] 문제 풀이 무료 동영상 강의가 제공됩니다.
한 단계 더 높은 [유형 B] 문제 풀이 동영상 강의로 토픽 시험을 완벽하게 준비하세요.

1 대화가 이루어지는 장소 찾기 【토픽 II 듣기 1번 문제】

> 전략 ▶ 이야기하는 두 사람이 누구인지 알아야 한다.
> ▶ 두 사람이 어디에서 이야기하고 있는지 장소를 알아야 한다.

※ [1~3] 다음을 듣고 가장 알맞은 그림 또는 그래프를 고르십시오. (각 2점)   Track 001

1. ①

②

③

④

2 대화 내용에 맞는 행동 찾기【토픽Ⅱ 듣기 2번 문제】

 전략
- ▶ 두 사람이 무엇을 하고 있는지 이해해야 한다.
- ▶ 두 사람이 앞으로 어떤 행동을 할지 알아야 한다.

※ [1~3] 다음을 듣고 가장 알맞은 그림 또는 그래프를 고르십시오. (각 2점)　　Track 002

2.　① 　　②

　　③ 　　④

3 대화 내용에 맞는 그래프 찾기 【토픽Ⅱ 듣기 3번 문제】

> 전략
> ▶ 두 사람이 무엇에 대해서 이야기하는지 알아야 한다.
> ▶ 그래프가 무엇을 조사한 내용인지 알아야 한다.

※ [1~3] 다음을 듣고 가장 알맞은 그림 또는 그래프를 고르십시오. (각 2점)   `Track 003`

3. ①
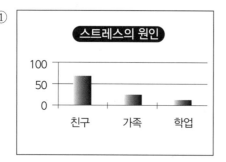
②
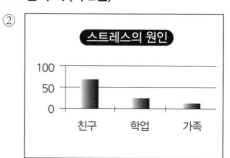

③
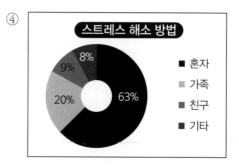
④

1 대화가 이루어지는 장소 찾기 【토픽Ⅱ 듣기 1번 문제】

전략
▶ 이야기하는 두 사람이 누구인지 알아야 한다.
▶ 두 사람이 어디에서 이야기하고 있는지 장소를 알아야 한다.

※ [1~3] 다음을 듣고 가장 알맞은 그림 또는 그래프를 고르십시오. (각 2점) Track 004

1. ①

②

③

④

2 **대화 내용에 맞는 행동 찾기【토픽Ⅱ 듣기 2번 문제】**

> 전략
> ▶ 두 사람이 무엇을 하고 있는지 이해해야 한다.
> ▶ 두 사람이 앞으로 어떤 행동을 할지 알아야 한다.

※ [1~3] 다음을 듣고 가장 알맞은 그림 또는 그래프를 고르십시오. (각 2점)　　　Track 005

2.　①

②

③

④

3 대화 내용에 맞는 그래프 찾기【토픽Ⅱ 듣기 3번 문제】

▶ 두 사람이 무엇에 대해서 이야기하는지 알아야 한다.
▶ 그래프가 무엇을 조사한 내용인지 알아야 한다.

※ **[1~3] 다음을 듣고 가장 알맞은 그림 또는 그래프를 고르십시오. (각 2점)** ❚Track 006❚

3. ①

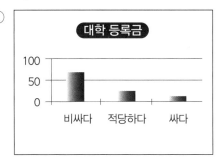

②

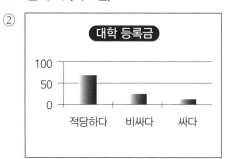

③ ④

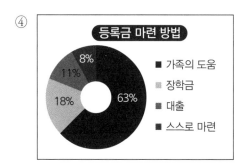

Listening Plus

※ 듣기 문제에서 나온 어휘를 다시 한번 듣고 익혀 보세요.

- 결제
- 고객
- 내밀다
- 내부
- 다치다
- 다행이다
- 닫히다
- 대기
- 대출
- 뒤를 잇다
- 등록금
- 마련하다
- 맛집
- 미리

- 수리하다
- 신경 쓰다
- 영수증
- 예약
- 우선
- 원인
- 응답
- 적당하다
- 접수
- 학업
- 할인
- 현금
- 현재
- 환자

이어지는 말이나
행동 고르기

1 **이어지는 말 찾기**
토픽Ⅱ 듣기 4, 5, 6, 7, 8번 문제

2 **이어지는 행동 찾기**
토픽Ⅱ 듣기 9, 10, 11, 12번 문제

[유형 A] 문제 풀이 무료 동영상 강의가 제공됩니다.
한 단계 더 높은 [유형 B] 문제 풀이 동영상 강의로 토픽 시험을 완벽하게 준비하세요.

1 이어지는 말 찾기 【토픽 II 듣기 4번 문제】

전략

▶ 두 사람이 무엇을 주제로 이야기하는지 이해해야 한다.
▶ 앞 사람이 무엇을 질문하는지 알아야 한다.

※ [4~8] 다음을 듣고 이어질 수 있는 말로 가장 알맞은 것을 고르십시오. (각 2점)   Track 008

4. ① 선약이 있으면 미리 말해야지.
    ② 걱정하지 말고 아무 때나 전화해도 돼.
    ③ 열이 좀 나는 게 아무래도 감기인 것 같아.
    ④ 시내에서 만나면 재미있는 것도 많이 할 수 있잖아.

1 이어지는 말 찾기 【토픽 II 듣기 5번 문제】

전략

▶ 두 사람이 무슨 문제에 대해서 이야기하는지 이해해야 한다.
▶ 앞 사람이 어떤 정보를 말하는지 알아야 한다.

※ [4~8] 다음을 듣고 이어질 수 있는 말로 가장 알맞은 것을 고르십시오. (각 2점)   Track 009

5. ① 그래요? 한번 사용해 보세요.
    ② 그럼, 학교 게시판을 찾아봐야겠네요.
    ③ 침대가 있으면 이사할 때 힘들 거예요.
    ④ 동대문 근처에 유명한 가구시장이 있어요.

1 이어지는 말 찾기 【토픽 II 듣기 6번 문제】

▶ 두 사람이 무엇을 주제로 이야기하는지 이해해야 한다.
▶ 앞 사람의 의견이 무엇인지 이해해야 한다.

※ [4~8] 다음을 듣고 이어질 수 있는 말로 가장 알맞은 것을 고르십시오. (각 2점) `Track 010`

6. ① 두 벌 사면 할인을 받을 수 있어.
   ② 요즘은 옷값이 너무 비싼 것 같아.
   ③ 그러지 말고 밝은색을 한번 입어 봐.
   ④ 한 치수 큰 것으로 입어 보면 어떨까?

1 이어지는 말 찾기 【토픽 II 듣기 7번 문제】

▶ 두 사람이 무슨 주제로 이야기하는지 이해해야 한다.
▶ 앞 사람의 의견이 무엇인지 알아야 한다.

※ [4~8] 다음을 듣고 이어질 수 있는 말로 가장 알맞은 것을 고르십시오. (각 2점) `Track 011`

7. ① 아직 표가 남아 있을 거예요.
   ② 그럼, 영화를 보지 말고 공연을 볼까요?
   ③ 그래서 사람들이 관심이 많은 것 같아요.
   ④ 인터넷으로 표를 사니까 편리해서 좋네요.

1 **이어지는 말 찾기** 【토픽 II 듣기 8번 문제】

 전략
▶ 누구와 누가 전화 통화를 하는지 알아야 한다.
▶ 앞에서 말하는 정보를 이해해야 한다.

※ **[4~8] 다음을 듣고 이어질 수 있는 말로 가장 알맞은 것을 고르십시오. (각 2점)** `Track 012`

8. ① 몇 시쯤 오실 수 있어요?
   ② 관리실에 전화해도 될까요?
   ③ 그동안에 물을 사용해도 되나요?
   ④ 미리 알려 주셨으면 조심했을 텐데요.

2 **이어지는 행동 찾기** 【토픽 II 듣기 9번 문제】

 전략
▶ 두 사람이 무엇에 대해서 이야기하는지 이해해야 한다.
▶ 두 사람의 대화 중에서 여자가 해야 할 행동을 알려 주는 단어를 이해해야 한다.

※ **[9~12] 다음을 듣고 여자가 이어서 할 행동으로 가장 알맞은 것을 고르십시오. (각 2점)** `Track 013`

9. ① 택배 회사에 전화한다.
   ② 물건을 뜯어서 확인한다.
   ③ 받은 물건을 밖에 내놓는다.
   ④ 우체국에 가서 물건을 돌려준다.

2 이어지는 행동 찾기 【토픽II 듣기 10번 문제】

전략 ▶ 두 사람이 무엇에 대해서 이야기하는지 이해해야 한다.
▶ 두 사람의 대화 중에서 여자가 해야 할 행동을 알려 주는 단어를 이해해야 한다.

※ [9~12] 다음을 듣고 여자가 이어서 할 행동으로 가장 알맞은 것을 고르십시오. (각 2점) Track 014

10. ① 집을 계약한다.
② 다른 집을 구경한다.
③ 부동산소개소에 간다.
④ 지도를 보고 집을 찾는다.

2 이어지는 행동 찾기 【토픽II 듣기 11번 문제】

전략 ▶ 두 사람이 무엇에 대해서 이야기하는지 이해해야 한다.
▶ 두 사람의 대화 중에서 여자가 해야 할 행동을 알려 주는 단어를 이해해야 한다.

※ [9~12] 다음을 듣고 여자가 이어서 할 행동으로 가장 알맞은 것을 고르십시오. (각 2점) Track 015

11. ① 짐을 찾는다.
② 비행기를 탄다.
③ 탑승 수속을 한다.
④ 짐을 부치는 돈을 낸다.

2 이어지는 행동 찾기【토픽 II 듣기 12번 문제】

 전략
▶ 두 사람이 무엇에 대해서 이야기하는지 이해해야 한다.
▶ 두 사람의 대화 중에서 여자가 해야 할 행동을 알려 주는 단어를 이해해야 한다.

※ [9~12] 다음을 듣고 <u>여자가</u> 이어서 할 행동으로 가장 알맞은 것을 고르십시오. (각 2점)   Track 016

12. ① 친척에게 부탁한다.
    ② 새로운 보험을 든다.
    ③ 동창의 부탁을 거절한다.
    ④ 지난번에 든 보험을 취소한다.

1 이어지는 말 찾기 【토픽 II 듣기 4번 문제】

▶ 두 사람이 무엇을 주제로 이야기하는지 이해해야 한다.
▶ 앞 사람이 무엇을 질문하는지 알아야 한다.

※ **[4~8] 다음을 듣고 이어질 수 있는 말로 가장 알맞은 것을 고르십시오. (각 2점)**   `Track 017`

4. ① 응, 컴퓨터 매장에서 구입했어.
　② 응, 컴퓨터를 산 지 한 달 됐어.
　③ 응, 컴퓨터가 너무 자주 고장이 나.
　④ 응, 새로 나온 컴퓨터가 좋길래 샀어.

1 이어지는 말 찾기 【토픽 II 듣기 5번 문제】

▶ 두 사람이 무슨 문제에 대해서 이야기하는지 이해해야 한다.
▶ 앞 사람이 어떤 정보를 말하는지 알아야 한다.

※ **[4~8] 다음을 듣고 이어질 수 있는 말로 가장 알맞은 것을 고르십시오. (각 2점)**   `Track 018`

5. ① 그럼요, 회사 일을 열심히 해야지요.
　② 글쎄요, 무리하면 건강에 안 좋겠지요.
　③ 그래요? 내일부터 야근을 해야겠어요.
　④ 그런 거 같아요. 오늘은 좀 쉬어야겠어요.

1 이어지는 말 찾기 【토픽II 듣기 6번 문제】

▶ 두 사람이 무엇을 주제로 이야기하는지 이해해야 한다.
▶ 앞 사람의 의견이 무엇인지 이해해야 한다.

※ [4~8] 다음을 듣고 이어질 수 있는 말로 가장 알맞은 것을 고르십시오. (각 2점)   Track 019

6. ① 항상 계획을 세우는 게 좋아.
   ② 오늘 수업이 있는지 확인해 보자.
   ③ 그럼, 무슨 영화가 인기가 있는지 알아보자.
   ④ 그래서 그런지 요즘 영화를 보는 사람이 많구나.

1 이어지는 말 찾기 【토픽II 듣기 7번 문제】

▶ 두 사람이 무슨 주제로 이야기하는지 이해해야 한다.
▶ 앞 사람의 의견이 무엇인지 알아야 한다.

※ [4~8] 다음을 듣고 이어질 수 있는 말로 가장 알맞은 것을 고르십시오. (각 2점)   Track 020

7. ① 백화점에 자주 가시는군요.
   ② 역시 백화점 물건이 좋긴 해요.
   ③ 다음 주에 같이 백화점에 갈까요?
   ④ 백화점에서 할인 행사를 하는지 어떻게 아셨어요?

1 **이어지는 말 찾기 【토픽II 듣기 8번 문제】**

▶ 누구와 누가 전화 통화를 하는지 알아야 한다.
▶ 앞에서 말하는 정보를 이해해야 한다.

※ **[4~8] 다음을 듣고 이어질 수 있는 말로 가장 알맞은 것을 고르십시오. (각 2점)** Track 021

8. ① 환불이 가능해서 다행이에요.
    ② 사용하지 않았는데 교환도 안 돼요?
    ③ 환불을 어떻게 받는지 알려 주세요.
    ④ 개봉하지 않았는데도 환불이 안 되나요?

2 **이어지는 행동 찾기 【토픽II 듣기 9번 문제】**

▶ 두 사람이 무엇에 대해서 이야기하는지 이해해야 한다.
▶ 두 사람의 대화 중에서 여자가 해야 할 행동을 알려 주는 단어를 이해해야 한다.

※ **[9~12] 다음을 듣고 여자가 이어서 할 행동으로 가장 알맞은 것을 고르십시오. (각 2점)** Track 022

9. ① 짐을 가지고 떠난다.
    ② 지하철을 타러 역으로 간다.
    ③ 물품 보관함의 위치를 찾는다.
    ④ 물품 보관함의 이용 방법을 알아본다.

② 이어지는 행동 찾기【토픽 II 듣기 10번 문제】

> ▶ 두 사람이 무엇에 대해서 이야기하는지 이해해야 한다.
> ▶ 두 사람의 대화 중에서 여자가 해야 할 행동을 알려 주는 단어를 이해해야 한다.

※ **[9~12] 다음을 듣고 여자가 이어서 할 행동으로 가장 알맞은 것을 고르십시오. (각 2점)** `Track 023`

10. ① 보험 접수를 한다.

　② 보험 회사를 찾아간다.

　③ 앞차 운전자를 만나러 간다.

　④ 이름과 사고가 난 위치를 알려 준다.

② 이어지는 행동 찾기【토픽 II 듣기 11번 문제】

> ▶ 두 사람이 무엇에 대해서 이야기하는지 이해해야 한다.
> ▶ 두 사람의 대화 중에서 여자가 해야 할 행동을 알려 주는 단어를 이해해야 한다.

※ **[9~12] 다음을 듣고 여자가 이어서 할 행동으로 가장 알맞은 것을 고르십시오. (각 2점)** `Track 024`

11. ① 쿵쿵거리면서 돌아다닌다.

　② 윗집에 올라가서 항의한다.

　③ 관리실에 층간 소음에 대해 알린다.

　④ 관리실에 연락해서 층간 소음에 대해 사과한다.

2 이어지는 행동 찾기 【토픽II 듣기 12번 문제】

 ▶ 두 사람이 무엇에 대해서 이야기하는지 이해해야 한다.
▶ 두 사람의 대화 중에서 여자가 해야 할 행동을 알려 주는 단어를 이해해야 한다.

※ [9~12] 다음을 듣고 **여자**가 이어서 할 행동으로 가장 알맞은 것을 고르십시오. (각 2점) Track 025

12. ① 돈을 가져온다.

② 적금 해약 처리를 한다.

③ 적금 만기일을 알아본다.

④ 대출에 대한 정보를 준다.

Listening Plus

Track 026

※ 듣기 문제에서 나온 어휘를 다시 한번 듣고 익혀 보세요.

- 개봉
- 거절하다
- 계획
- 관리실
- 구매하다
- 구입
- 군데
- 끝나다
- 나가다
- 내놓다
- 대대적
- 대출
- 도저히
- 동창
- 두통
- 뜯다
- 만기
- 망설여지다
- 매진
- 물품 보관함
- 미루다

- 반송
- 배달
- 배려
- 보관하다
- 보험
- 보험을 들다
- 상태
- 생기다
- 선배
- 수도관
- 수리기사
- 수속
- 시세
- 신인
- 심하다
- 아무래도
- 야근
- 약속
- 어둡다
- 어울리다
- 오랜만에

Listening Plus

- 우선
- 유행
- 적금
- 점검
- 접촉 사고
- 중고
- 지키다
- 짐
- 찾아보다
- 챙기다
- 추가
- 취소하다
- 쿵쿵거리다
- 탑승
- 판매
- 푹
- 필요하다
- 할인
- 해약
- 행사
- 환불하다

유형
3

전체 내용 이해하기

[유형 A] 문제 풀이 무료 동영상 강의가 제공됩니다.
한 단계 더 높은 [유형 B] 문제 풀이 동영상 강의로 토픽 시험을 완벽하게 준비하세요.

유형 ❸ A

1 **화자의 중심 생각 파악하기 【토픽Ⅱ 듣기 17번 문제】**

전략
▶ 두 사람이 무엇에 대해서 이야기하는지 알아야 한다.
▶ 주제에 대해서 남자가 어떤 의견을 가지고 있는지 알아야 한다.

※ **[17~20] 다음을 듣고 남자의 중심 생각으로 가장 알맞은 것을 고르십시오. (각 2점)**   Track 027

17. ① 유산소운동만으로 체중을 줄이기가 어렵다.

② 유산소운동이 체중 관리에 효과적일 것이다.

③ 살을 빼려면 근력운동을 하는 것이 도움이 된다.

④ 여러 가지 운동을 같이 하면 체중을 조절하기가 쉽다.

1 **화자의 중심 생각 파악하기 【토픽Ⅱ 듣기 18번 문제】**

전략
▶ 두 사람이 무엇에 대해서 이야기하는지 알아야 한다.
▶ 주제에 대해서 남자가 어떤 의견을 가지고 있는지 알아야 한다.

※ **[17~20] 다음을 듣고 남자의 중심 생각으로 가장 알맞은 것을 고르십시오. (각 2점)**   Track 028

18. ① 직장 동료들과 잘 어울려야 한다.

② 직장 일에 자신감을 가져야 한다.

③ 직장 분위기에 빨리 익숙해져야 한다.

④ 직장 일에 최선을 다하기가 쉽지 않다.

🔳 화자의 중심 생각 파악하기 【토픽Ⅱ 듣기 19번 문제】

전략
▶ 두 사람이 무엇에 대해서 이야기하는지 알아야 한다.
▶ 주제에 대해서 남자가 어떤 의견을 가지고 있는지 알아야 한다.

※ [17~20] 다음을 듣고 남자의 중심 생각으로 가장 알맞은 것을 고르십시오. (각 2점) `Track 029`

19. ① 경력자를 뽑아야 한다.
    ② 젊은 사람을 뽑았으면 좋겠다.
    ③ 경험이 많아야 팀원을 이끌 수 있다.
    ④ 새로운 일을 시작하려면 경험이 많아야 한다.

🔳 화자의 중심 생각 파악하기 【토픽Ⅱ 듣기 20번 문제】

전략
▶ 두 사람이 무엇에 대해서 이야기하는지 알아야 한다.
▶ 주제에 대해서 남자가 어떤 의견을 가지고 있는지 알아야 한다.

※ [17~20] 다음을 듣고 남자의 중심 생각으로 가장 알맞은 것을 고르십시오. (각 2점) `Track 030`

20. ① 남에게 인정을 받는 것이 성공이다.
    ② 남과 경쟁해서 이기는 것이 성공이다.
    ③ 물질적인 것만 추구하는 것은 진정한 성공이 아니다.
    ④ 눈앞의 이익보다 정신적인 것을 찾아야 성공할 수 있다.

화자의 중심 생각 파악하기 【토픽II 듣기 21번 문제】

> 전략
> ▶ 두 사람이 무엇에 대해서 이야기하는지 알아야 한다.
> ▶ 주제에 대해서 남자가 어떤 생각을 가지고 있는지 알아야 한다.

※ **[21~22] 다음을 듣고 물음에 답하십시오. (각 2점)**

21. 남자의 중심 생각으로 가장 알맞은 것을 고르십시오.　　　　　Track 031
　　① 대학에 진학해야 취직하기가 쉽다.
　　② 직업을 생각한 후에 전공을 선택해야 한다.
　　③ 대학을 선택하기 전에 전공을 정하는 게 낫다.
　　④ 경영학이나 경제학을 전공하면 취직하기가 좋다.

• 22번 문제는 [유형 4] **5**에 있습니다.

 화자의 중심 생각 파악하기 【토픽II 듣기 23번 문제】

> 전략
> ▶ 누가 누구에게 전화를 걸었는지 이해해야 한다.
> ▶ 남자가 무엇에 대해서 이야기하는지 알아야 한다.

※ **[23~24] 다음을 듣고 물음에 답하십시오. (각 2점)**

23. 남자가 무엇을 하고 있는지 고르십시오.　　　　　Track 032
　　① 고객의 개인정보를 알아보고 있다.
　　② 새로운 가전제품을 광고하고 있다.
　　③ 고객의 불편사항을 조사하고 있다.
　　④ 문제가 있는 가전제품을 수리하고 있다.

• 24번 문제는 [유형 4] **5**에 있습니다.

화자의 중심 생각 파악하기 【토픽Ⅱ 듣기 25번 문제】

> ▶ 남자가 이야기하는 여러 가지 내용을 포함할 수 있는 큰 주제를 알아야 한다.
> ▶ 보통 남자의 처음 말이나 마지막 말에 전체적인 주제가 있다.

※ **[25~26] 다음을 듣고 물음에 답하십시오. (각 2점)**

25. 남자의 중심 생각으로 가장 알맞은 것을 고르십시오.　　　　　　Track 033

　　① 신제품은 기존의 제품에 비해서 값이 싸야 한다.

　　② 신제품은 소비자들의 요구를 반영해서 개발해야 한다.

　　③ 신제품은 국민들의 건강에 도움을 줄 수 있어야 한다.

　　④ 신제품의 판매는 경제적 상황에 따라서 달라질 수 있다.

• 26번 문제는 [유형 4] **5**에 있습니다.

 화자의 중심 생각 파악하기 【토픽Ⅱ 듣기 31번 문제】

> ▶ 두 사람이 무엇에 대해서 이야기하는지 알아야 한다.
> ▶ 주제에 대해서 남자가 찬성하는 생각을 가지고 있는지 반대하는 생각을 가지고 있는지 알아야 한다.

※ **[31~32] 다음을 듣고 물음에 답하십시오. (각 2점)**

31. 남자의 중심 생각으로 가장 알맞은 것을 고르십시오.　　　　　　Track 034

　　① 출퇴근하는 직원들의 어려움을 회사가 해결해야 한다.

　　② 직원들이 자유롭게 이직할 수 있도록 도움을 줘야 한다.

　　③ 업무에 지장이 없다면 직원들의 상황을 배려하는 것이 좋겠다.

　　④ 직원들이 자신의 근무 시간을 자유롭게 결정하도록 하면 좋겠다.

• 32번 문제는 [유형 3] **4**에 있습니다.

화자의 중심 생각 파악하기 【토픽Ⅱ 듣기 37번 문제】

> **전략**
> ▶ 두 사람이 무엇에 대해서 이야기하는지 이해해야 한다.
> ▶ 주제에 대해서 여자의 전체적인 생각이 무엇인지 알아야 한다.

※ [37~38] 다음을 듣고 물음에 답하십시오. (각 2점)

37. 여자의 중심 생각으로 가장 알맞은 것을 고르십시오.　　Track 035

　　① 근로자들의 휴가 기간을 조정할 필요가 있다.

　　② 노동자들의 건강을 지키기 위해서 정부가 노력해야 한다.

　　③ 더위 때문에 생길 수 있는 피해를 줄이는 방법을 찾아야 한다.

　　④ 온열 질환에 걸린 시민들이 사용할 수 있는 장소를 마련해야 한다.

• 38번 문제는 [유형 4] **5**에 있습니다.

 화자의 의도 파악하기 【토픽Ⅱ 듣기 27번 문제】

> **전략**
> ▶ 두 사람이 무엇에 대해서 이야기하는지 알아야 한다.
> ▶ 남자가 무엇을 하기 위해서 이야기하고 있는지 알아야 한다.

※ [27~28] 다음을 듣고 물음에 답하십시오. (각 2점)

27. 남자가 말하는 의도로 알맞은 것을 고르십시오.　　Track 036

　　① 감시 카메라의 효과를 알리려고

　　② 감시 카메라의 부작용을 알리려고

　　③ 감시 카메라를 늘리도록 설득하려고

　　④ 감시 카메라의 설치 방법을 문의하려고

• 28번 문제는 [유형 4] **5**에 있습니다.

2 화자의 의도 파악하기 【토픽Ⅱ 듣기 35번 문제】

전략
▶ 남자가 무엇에 대해서 이야기하는지 이해해야 한다.
▶ 남자가 무엇을 하기 위해서 이야기하고 있는지 알아야 한다.

※ **[35~36] 다음을 듣고 물음에 답하십시오. (각 2점)**

35. 남자가 무엇을 하고 있는지 고르십시오. `Track 037`

　① 체험마을의 역사에 대해서 설명하고 있다.

　② 체험프로그램에 참가할 것을 권유하고 있다.

　③ 체험마을에서 운영하는 프로그램을 소개하고 있다.

　④ 체험프로그램에 대한 관심과 지원을 부탁하고 있다.

• 36번 문제는 [유형 4] **5**에 있습니다.

2 화자의 의도 파악하기 【토픽Ⅱ 듣기 46번 문제】

전략
▶ 강연을 하는 사람이 무엇에 대해서 이야기하는지 이해해야 한다.
▶ 강연을 하는 사람이 왜 이야기하는지 알아야 한다.

※ **[45~46] 다음을 듣고 물음에 답하십시오. (각 2점)**

46. 여자가 말하는 방식으로 알맞은 것을 고르십시오. `Track 038`

　① 새로 나온 책을 소개하고 있다.

　② 책을 쓰게 된 동기를 설명하고 있다.

　③ 정보 불균형의 여러 사례를 비교하고 있다.

　④ 정보 불균형에 대한 해결책을 제시하고 있다.

• 45번 문제는 [유형 4] **5**에 있습니다.

3 화자의 신분 파악하기 【토픽II 듣기 29번 문제】

전략
▶ 두 사람이 무엇에 대해서 이야기하는지 이해해야 한다.
▶ 말하는 사람들의 신분이 무엇인지 알아야 한다.

※ [29~30] 다음을 듣고 물음에 답하십시오. (각 2점)

29. 남자가 누구인지 고르십시오.

Track 039

① 호흡기 전문 의료진
② 전문 청소 업체 직원
③ 세균과 곰팡이 연구자
④ 에어컨 개발 업체 직원

• 30번 문제는 [유형 4] **5**에 있습니다.

4 화자의 태도 파악하기 【토픽II 듣기 32번 문제】

전략
▶ 두 사람이 어떤 주제에 대해서 이야기하는지 이해해야 한다.
▶ 남자가 이 주제에 대해서 어떤 태도로 이야기하는지 알아야 한다.

※ [31~32] 다음을 듣고 물음에 답하십시오. (각 2점)

32. 남자의 태도로 가장 알맞은 것을 고르십시오.

Track 040

① 상대방의 의견에 강하게 반박하고 있다.
② 자신의 의견을 계속해서 주장하고 있다.
③ 상대방의 의견에 적극적으로 동의하고 있다.
④ 문제의 해결 방안을 다양하게 제안하고 있다.

• 31번 문제는 [유형 3] **1**에 있습니다.

4 **화자의 태도 파악하기** 【토픽 II 듣기 48번 문제】

▶ 두 사람이 무엇에 대해서 이야기하는지 알아야 한다.
▶ 전문가가 이 주제에 대해서 어떻게 평가하는지, 어떤 생각을 가지고 있는지 알아야 한다.

※ [47~48] 다음을 듣고 물음에 답하십시오. (각 2점)

48. 남자의 태도로 알맞은 것을 고르십시오. Track 041

　① 새로운 정책을 신뢰하지 않고 있다.

　② 새로운 정책의 실시를 환영하고 있다.

　③ 새로운 정책의 빠른 결정을 촉구하고 있다.

　④ 새로운 정책보다 기존 정책의 지속을 요구하고 있다.

• 47번 문제는 [유형 4] **5**에 있습니다.

4 **화자의 태도 파악하기** 【토픽 II 듣기 50번 문제】

▶ 말하는 사람이 주제에 대해서 긍정적인지, 부정적인지 알아야 한다.
▶ 말하는 사람이 왜 이야기하는지 알아야 한다.

※ [49~50] 다음을 듣고 물음에 답하십시오. (각 2점)

50. 남자의 태도로 알맞은 것을 고르십시오. Track 042

　① 1인 미디어의 장점을 홍보하고 있다.

　② 1인 미디어의 자유를 주장하고 있다.

　③ 1인 미디어의 규제를 제안하고 있다.

　④ 1인 미디어의 폐지를 요구하고 있다.

• 49번 문제는 [유형 4] **5**에 있습니다.

5 **주제 파악하기** 【토픽II 듣기 33번 문제】

▶ 무엇에 대해서 설명하는지 알아야 한다.
▶ 설명하는 내용을 전체적으로 요약할 수 있는 주제가 무엇인지 알아야 한다.

※ **[33~34] 다음을 듣고 물음에 답하십시오. (각 2점)**

33. 무엇에 대한 내용인지 알맞은 것을 고르십시오. `Track 043`

① 정보화 시대의 피해 사례
② 정보화 시대의 사생활 보호
③ 정보화 시대의 도덕적 책임
④ 정보화 시대의 긍정적 사례

• 34번 문제는 [유형 4] **5**에 있습니다.

5 **주제 파악하기** 【토픽II 듣기 41번 문제】

▶ 무엇에 대한 강연인지 이해해야 한다.
▶ 강연의 중심 내용이 무엇인지 알아야 한다.

※ **[41~42] 다음을 듣고 물음에 답하십시오. (각 2점)**

41. 이 강연의 중심 내용으로 가장 알맞은 것을 고르십시오. `Track 044`

① 표적 항암제는 여러 부작용이 예상되는 물질이다.
② 표적 치료제는 암세포의 증식을 방해해서 암을 치료한다.
③ 정상 세포가 암세포로 변화하는 과정에서 치료가 필요하다.
④ 정상 세포와 암세포는 증식 속도와 변화 과정이 서로 다르다.

• 42번 문제는 [유형 4] **5**에 있습니다.

5 **주제 파악하기** 【토픽Ⅱ 듣기 43번 문제】

▶ 무엇에 대한 설명인지 이해해야 한다.
▶ 남자가 무엇을 하기 위해서 이야기하는지 이해해야 한다.

※ [43~44] 다음을 듣고 물음에 답하십시오. (각 2점)

43. 무엇에 대한 내용인지 알맞은 것을 고르십시오.   `Track 045`

① 맹그로브 나무가 자라는 환경
② 맹그로브 숲을 보존하려는 노력
③ 열대우림 지역의 해안 침식 현상
④ 맹그로브 숲이 갖는 경제적 가치

• 44번 문제는 [유형 4] **5**에 있습니다.

6 **이전의 대화 내용 찾기** 【토픽Ⅱ 듣기 39번 문제】

▶ 이 이야기 앞에 어떤 내용이 있었을지 추측해 본다.
▶ 이야기를 시작하는 사람이 무엇에 대해서 말하는지 이해해야 한다.

※ [39~40] 다음을 듣고 물음에 답하십시오. (각 2점)

39. 이 대화 전의 내용으로 가장 알맞은 것을 고르십시오.   `Track 046`

① 스마트폰을 유용하게 사용하는 방법을 소개했다.
② 스마트폰 중독으로 생기는 다양한 현상을 설명했다.
③ 스마트폰의 사용 시간과 중독 현상의 관계를 밝혔다.
④ 일상생활에 지장을 주는 스마트폰의 사용을 경고했다.

• 40번 문제는 [유형 4] **5**에 있습니다.

1 화자의 중심 생각 파악하기 【토픽 II 듣기 17번 문제】

전략
▶ 두 사람이 무엇에 대해서 이야기하는지 알아야 한다.
▶ 주제에 대해서 남자가 어떤 의견을 가지고 있는지 알아야 한다.

※ [17~20] 다음을 듣고 <u>남자</u>의 중심 생각으로 가장 알맞은 것을 고르십시오. (각 2점)　　Track 047

17. ① 발표 순서를 정하는 것이 제일 중요하다.
　　② 불만을 없애기 위해서 발표 순서를 정해야 한다.
　　③ 각자 스스로 번호를 뽑아서 순서를 정하면 좋겠다.
　　④ 제비뽑기로 순서를 정하면 관심을 끌 수 있을 것이다.

1 화자의 중심 생각 파악하기 【토픽 II 듣기 18번 문제】

전략
▶ 두 사람이 무엇에 대해서 이야기하는지 알아야 한다.
▶ 주제에 대해서 남자가 어떤 의견을 가지고 있는지 알아야 한다.

※ [17~20] 다음을 듣고 <u>남자</u>의 중심 생각으로 가장 알맞은 것을 고르십시오. (각 2점)　　Track 048

18. ① 여행을 많이 다니는 것이 좋다.
　　② 평소에 시간을 효율적으로 써야 한다.
　　③ 혼자 하는 여행이 가장 자유롭고 좋다.
　　④ 여행을 갈 때 계획을 세우고 가는 것이 좋다.

1 화자의 중심 생각 파악하기 【토픽 II 듣기 19번 문제】

▶ 두 사람이 무엇에 대해서 이야기하는지 알아야 한다.
▶ 주제에 대해서 남자가 어떤 의견을 가지고 있는지 알아야 한다.

※ **[17~20] 다음을 듣고 <u>남자</u>의 중심 생각으로 가장 알맞은 것을 고르십시오. (각 2점)**   `Track 049`

19. ① 부업을 하면 회사 업무를 처리하기가 힘들다.
　② 부업을 하면 경제적으로 여유로워지니까 하는 것도 좋다.
　③ 다양한 부업을 경험하는 것이 회사 생활에 도움이 될 수 있다.
　④ 부업을 하는 젊은 회사원들이 많아져서 회사를 운영하기가 힘들다.

1 화자의 중심 생각 파악하기 【토픽 II 듣기 20번 문제】

▶ 두 사람이 무엇에 대해서 이야기하는지 알아야 한다.
▶ 주제에 대해서 남자가 어떤 의견을 가지고 있는지 알아야 한다.

※ **[17~20] 다음을 듣고 <u>남자</u>의 중심 생각으로 가장 알맞은 것을 고르십시오. (각 2점)**   `Track 050`

20. ① 자연을 보호하기 위해서 개발 사업을 중단해야 한다.
　② 인간과 동물이 함께 살아갈 수 있는 세상을 만들 수 있다.
　③ 주민들의 동의 없이 개발 사업을 진행하는 것은 문제가 있다.
　④ 철새들의 보금자리를 보호하기 위해서 주민들의 희생은 필요하다.

1 **화자의 중심 생각 파악하기** 【토픽 II 듣기 21번 문제】

 ▸ 두 사람이 무엇에 대해서 이야기하는지 알아야 한다.
▸ 주제에 대해서 남자가 어떤 생각을 가지고 있는지 알아야 한다.

※ **[21~22] 다음을 듣고 물음에 답하십시오. (각 2점)**

21. 남자의 중심 생각으로 가장 알맞은 것을 고르십시오. 〔Track 051〕

　① 쓰레기를 잘 분류해야 한다.

　② 쓰레기를 버리지 말아야 한다.

　③ 쓰레기 배출 방법을 안내해야 한다.

　④ 쓰레기의 양을 줄이는 것은 불가능하다.

• 22번 문제는 [유형 4] **5**에 있습니다.

1 **화자의 중심 생각 파악하기** 【토픽 II 듣기 23번 문제】

 ▸ 누가 누구에게 전화를 걸었는지 이해해야 한다.
▸ 남자가 무엇에 대해서 이야기하는지 알아야 한다.

※ **[23~24] 다음을 듣고 물음에 답하십시오. (각 2점)**

23. 남자가 무엇을 하고 있는지 고르십시오. 〔Track 052〕

　① 매장 방문 시간을 예약하고 있다.

　② 서비스 이용에 대해 문의하고 있다.

　③ 정장 대여 서비스를 신청하고 있다.

　④ 서비스 매장 위치를 확인하고 있다.

• 24번 문제는 [유형 4] **5**에 있습니다.

1 **화자의 중심 생각 파악하기 【토픽Ⅱ 듣기 25번 문제】**

▶ 남자가 이야기하는 여러 가지 내용을 포함할 수 있는 큰 주제를 알아야 한다.
▶ 보통 남자의 처음 말이나 마지막 말에 전체적인 주제가 있다.

※ **[25~26] 다음을 듣고 물음에 답하십시오. (각 2점)**

25. 남자의 중심 생각으로 가장 알맞은 것을 고르십시오. `Track 053`

　① 면세 한도 내의 물건이라면 해외 직구를 하는 것이 좋다.

　② 해외 직구 물건은 환불이나 반품 등을 하지 않는 것이 좋다.

　③ 해외 직구를 할 때는 가격뿐만 아니라 다른 조건도 알아보는 것이 좋다.

　④ 수입 허가 대상 물건이 아닌 경우 해외 직구를 하면 관세를 납부해야 한다.

• 26번 문제는 [유형 4] **5** 에 있습니다.

1 **화자의 중심 생각 파악하기 【토픽Ⅱ 듣기 31번 문제】**

▶ 두 사람이 무엇에 대해서 이야기하는지 알아야 한다.
▶ 주제에 대해서 남자가 찬성하는 생각을 가지고 있는지 반대하는 생각을 가지고 있는지 알아야 한다.

※ **[31~32] 다음을 듣고 물음에 답하십시오. (각 2점)**

31. 남자의 중심 생각으로 가장 알맞은 것을 고르십시오. `Track 054`

　① 근로자들은 임금을 올리려고 최선을 다해야 한다.

　② 정부가 약속한 최저임금까지 인상되어서 다행이다.

　③ 경영자와 근로자가 함께 살 수 있도록 노력해야 한다.

　④ 근로자들이 실망하지 않도록 최저임금을 인상해야 한다.

• 32번 문제는 [유형 3] **4** 에 있습니다.

1 **화자의 중심 생각 파악하기 【토픽Ⅱ 듣기 37번 문제】**

> ▶ 두 사람이 무엇에 대해서 이야기하는지 이해해야 한다.
> ▶ 주제에 대해서 여자의 전체적인 생각이 무엇인지 알아야 한다.

※ **[37~38] 다음을 듣고 물음에 답하십시오. (각 2점)**

37. 여자의 중심 생각으로 가장 알맞은 것을 고르십시오.　　　　　　　Track 055

　　① 복고풍은 옛것을 그대로 살리는 것이 중요하다.

　　② 젊은 사람들은 복고주의를 따르는 것을 좋아한다.

　　③ 현대인의 취향에 맞춘다면 모두 함께 옛것을 즐길 수 있다.

　　④ 과거에 유행했던 음악이나 패션 등을 모방하는 것은 좋지 않다.

· 38번 문제는 [유형 4] **5**에 있습니다.

2 **화자의 의도 파악하기 【토픽Ⅱ 듣기 27번 문제】**

> ▶ 두 사람이 무엇에 대해서 이야기하는지 알아야 한다.
> ▶ 남자가 무엇을 하기 위해서 이야기하고 있는지 알아야 한다.

※ **[27~28] 다음을 듣고 물음에 답하십시오. (각 2점)**

27. 남자가 말하는 의도로 알맞은 것을 고르십시오.　　　　　　　　　Track 056

　　① 복장 자율화의 필요성을 알리려고

　　② 회사 복장에 대한 지침이 필요함을 말하려고

　　③ 복장이 회사 근무에 미치는 영향을 설명하려고

　　④ 때와 장소에 맞는 복장이 무엇인지 알려 주려고

· 28번 문제는 [유형 4] **5**에 있습니다.

2 화자의 의도 파악하기 【토픽 II 듣기 35번 문제】

▶ 남자가 무엇에 대해서 이야기하는지 이해해야 한다.
▶ 남자가 무엇을 하기 위해서 이야기하고 있는지 알아야 한다.

※ [35~36] 다음을 듣고 물음에 답하십시오. (각 2점)

35. 남자가 무엇을 하고 있는지 고르십시오.   Track 057

① 대통령 선거 개표 종료를 알리고 있다.
② 대통령 선거의 중요성을 강조하고 있다.
③ 대통령 선거 개표 상황을 설명하고 있다.
④ 대통령 선거관리위원으로서 개표를 진행하고 있다.

· 36번 문제는 [유형 4] 5에 있습니다.

2 화자의 의도 파악하기 【토픽 II 듣기 46번 문제】

▶ 강연을 하는 사람이 무엇에 대해서 이야기하는지 이해해야 한다.
▶ 강연을 하는 사람이 왜 이야기하는지 알아야 한다.

※ [45~46] 다음을 듣고 물음에 답하십시오. (각 2점)

46. 여자가 말하는 방식으로 알맞은 것을 고르십시오.   Track 058

① 아리랑의 기원에 대해 주장하고 있다.
② 아리랑의 변천 과정을 요약하고 있다.
③ 아리랑의 곡조와 가사를 비교하고 있다.
④ 아리랑의 의의와 가치를 설명하고 있다.

· 45번 문제는 [유형 4] 5에 있습니다.

화자의 신분 파악하기 【토픽II 듣기 29번 문제】

> 전략
> ▶ 두 사람이 무엇에 대해서 이야기하는지 이해해야 한다.
> ▶ 말하는 사람들의 신분이 무엇인지 알아야 한다.

※ [29~30] 다음을 듣고 물음에 답하십시오. (각 2점)

29. 남자가 누구인지 고르십시오. `Track 059`

  ① 미래를 위해 새로운 부서를 신설하는 사람

  ② 회사의 미래 발전을 위한 전략을 짜는 사람

  ③ 발전 가능성이 있는 다양한 연구를 진행하는 사람

  ④ 신제품 개발을 위해 소비자의 요구를 조사하는 사람

• 30번 문제는 [유형 4] **5**에 있습니다.

 화자의 태도 파악하기 【토픽II 듣기 32번 문제】

> 전략
> ▶ 두 사람이 어떤 주제에 대해서 이야기하는지 이해해야 한다.
> ▶ 남자가 이 주제에 대해서 어떤 태도로 이야기하는지 알아야 한다.

※ [31~32] 다음을 듣고 물음에 답하십시오. (각 2점)

32. 남자의 태도로 가장 알맞은 것을 고르십시오. `Track 060`

  ① 문제의 해결책을 제시하고 있다.

  ② 미래 전망에 대해 긍정적으로 보고 있다.

  ③ 사례를 들어 상대방의 의견에 반박하고 있다.

  ④ 구체적으로 대안을 제시하면서 상대방과 타협하고 있다.

• 31번 문제는 [유형 3] **1**에 있습니다.

4 **화자의 태도 파악하기** 【토픽 II 듣기 48번 문제】

 ▶ 두 사람이 무엇에 대해서 이야기하는지 알아야 한다.
▶ 전문가가 이 주제에 대해서 어떻게 평가하는지, 어떤 생각을 가지고 있는지 알아야 한다.

※ [47~48] 다음을 듣고 물음에 답하십시오. (각 2점)

48. 남자의 태도로 알맞은 것을 고르십시오.　　　　　Track 061

　　① 장기 기증의 법적 구속력을 우려하고 있다.
　　② 장기 기증 희망 등록의 협조를 구하고 있다.
　　③ 장기 기증 법률 개정안 통과를 촉구하고 있다.
　　④ 장기 기증에 대한 각국의 상황을 비교하고 있다.

• 47번 문제는 [유형 4] **5**에 있습니다.

4 **화자의 태도 파악하기** 【토픽 II 듣기 50번 문제】

 ▶ 말하는 사람이 주제에 대해서 긍정적인지, 부정적인지 알아야 한다.
▶ 말하는 사람이 왜 이야기하는지 알아야 한다.

※ [49~50] 다음을 듣고 물음에 답하십시오. (각 2점)

50. 남자의 태도로 알맞은 것을 고르십시오.　　　　　Track 062

　　① 제도의 확대를 촉구하고 있다.
　　② 제도의 개선을 주장하고 있다.
　　③ 제도의 악용을 우려하고 있다.
　　④ 제도의 효과를 높이 평가하고 있다.

• 49번 문제는 [유형 4] **5**에 있습니다.

5 **주제 파악하기** 【토픽Ⅱ 듣기 33번 문제】

▶ 무엇에 대해서 설명하는지 알아야 한다.
▶ 설명하는 내용을 전체적으로 요약할 수 있는 주제가 무엇인지 알아야 한다.

※ **[33~34] 다음을 듣고 물음에 답하십시오. (각 2점)**

33. 무엇에 대한 내용인지 맞는 것을 고르십시오.　　　　　Track 063

　　① 간편식 판매 증가 원인
　　② 다양해진 간편식 제품의 종류
　　③ 소비자들의 입맛과 취향의 변화
　　④ 무더위와 간편식 판매의 상관관계

• 34번 문제는 [유형 4] **5**에 있습니다.

5 **주제 파악하기** 【토픽Ⅱ 듣기 41번 문제】

▶ 무엇에 대한 강연인지 이해해야 한다.
▶ 강연의 중심 내용이 무엇인지 알아야 한다.

※ **[41~42] 다음을 듣고 물음에 답하십시오. (각 2점)**

41. 이 강연의 중심 내용으로 가장 알맞은 것을 고르시오.　　　　　Track 064

　　① 미래를 위해 인공지능 기술의 개발이 필요하다.
　　② 미래에는 인공지능을 적용하는 분야가 확대될 것이다.
　　③ 인공지능 기술의 발전은 우리의 삶에 많은 변화를 가져왔다.
　　④ 인간과 인공지능의 공존에 대한 논의가 필요하다.

• 42번 문제는 [유형 4] **5**에 있습니다.

5 주제 파악하기 【토픽Ⅱ 듣기 43번 문제】

전략
▶ 무엇에 대한 설명인지 이해해야 한다.
▶ 남자가 무엇을 하기 위해서 이야기하는지 이해해야 한다.

※ [43~44] 다음을 듣고 물음에 답하십시오. (각 2점)

43. 무엇에 대한 내용인지 알맞은 것을 고르십시오. Track 065

　① 고래의 삶과 죽음
　② 인간과 고래의 공생
　③ 이산화탄소를 줄여 주는 고래
　④ 이산화탄소 과대 배출의 영향

・44번 문제는 [유형 4] 5에 있습니다.

6 이전의 대화 내용 찾기 【토픽Ⅱ 듣기 39번 문제】

전략
▶ 이 이야기 앞에 어떤 내용이 있었을지 추측해 본다.
▶ 이야기를 시작하는 사람이 무엇에 대해서 말하는지 이해해야 한다.

※ [39~40] 다음을 듣고 물음에 답하십시오. (각 2점)

39. 이 대화 전의 내용으로 가장 알맞은 것을 고르십시오. Track 066

　① 세계 인구의 25%가 물 부족에 시달리고 있다.
　② 물 부족으로 인한 문제는 이미 발생한 문제이다.
　③ 저소득 국가들의 물 부족 문제가 심각한 상황이다.
　④ 세계 자원연구소에서 물 부족에 대한 자료를 공개했다.

・40번 문제는 [유형 4] 5에 있습니다.

Listening Plus

Track 067

※ 듣기 문제에서 나온 어휘를 다시 한번 듣고 익혀 보세요.

- 가전
- 감시
- 감안
- 감안하다
- 개선
- 개선책
- 개성
- 개정안
- 개척
- 개표
- 거주
- 경쟁
- 경향
- 고려
- 고민
- 곰팡이
- 공감
- 공급
- 공익
- 공존
- 과감하다
- 관련
- 관리

- 관세
- 구상
- 구전
- 구직
- 극심하다
- 근력운동
- 기대에 미치다
- 기원
- 기획
- 납부
- 낭비하다
- 넘어서다
- 노출
- 느슨하다
- 단축
- 대두
- 대여
- 대응
- 대책
- 대체
- 도덕
- 도전
- 독특하다

Listening Plus

- 동료
- 동원
- 동의
- 등장
- 등재
- 면세
- 모방
- 모호하다
- 무분별하다
- 문화유산
- 물질
- 미미하다
- 민감
- 발표
- 배려
- 배양
- 배제하다
- 배출
- 배출하다
- 범람
- 범죄
- 법안
- 법적 구속력

- 병행
- 보완
- 복고
- 복장
- 부도
- 부업
- 분류
- 분리
- 불가피하다
- 불균형
- 불만
- 불황
- 뽑다
- 사례
- 생성
- 생필품
- 서식지
- 선거
- 선풍적
- 설득하다
- 설치
- 성공
- 세균

Listening Plus

- 세우다
- 소멸
- 소음
- 수요
- 수용
- 수입
- 수행
- 순서
- 시행
- 신경
- 신상
- 신설
- 신중
- 실효성
- 심도
- 쓰레기
- 아무도
- 악화하다
- 안절부절못하다
- 앞서다
- 어울리다
- 억제
- 업무
- 연체
- 예방
- 오염
- 오차
- 요구
- 우수하다
- 우위
- 운영
- 원리
- 유발
- 유실
- 유출
- 유효적절하다
- 이권
- 이끌다
- 익숙해지다
- 인공지능
- 인상
- 인정
- 일정
- 임금
- 입장
- 자신

Listening Plus

- 자유롭다
- 자율 운행
- 자율화
- 잔인하다
- 장기
- 장려
- 재역전
- 재해석
- 재활용
- 적극적
- 적성
- 전례
- 전승
- 젊다
- 점검
- 정서
- 정하다
- 제거
- 제공
- 조절
- 조정
- 존재
- 줄다

- 즐기다
- 증식
- 지구온난화
- 지속
- 지장
- 지정
- 지참
- 지침
- 직장
- 차원
- 참가하다
- 채용
- 처리
- 철새
- 철회하다
- 체감
- 체중
- 체험
- 초과
- 초래하다
- 총괄
- 축소
- 축적

Listening Plus

- 축적하다
- 출세
- 출시
- 취하다
- 취향
- 치솟다
- 침식
- 침해
- 통과
- 통제
- 파괴
- 파악
- 폭염
- 표적
- 피의자
- 한도
- 한시적
- 합의
- 항암
- 해롭다
- 해소
- 해외 직구
- 해저

- 허사
- 현상
- 현행법
- 형성
- 호소
- 호흡기 질환
- 혼란
- 화제
- 확신
- 환기
- 효율
- 훼손
- 흡수
- 흡수되다
- 희로애락

유형 4

세부 내용 이해하기

[유형 A] 문제 풀이 무료 동영상 강의가 제공됩니다.
한 단계 더 높은 [유형 B] 문제 풀이 동영상 강의로 토픽 시험을 완벽하게 준비하세요.

유형 ④ A

1 일상 대화의 내용 이해하기 【토픽Ⅱ 듣기 13번 문제】

 전략
▶ 일상적인 대화에서 두 사람이 무엇에 대해서 이야기하는지 이해해야 한다.
▶ 두 사람이 구체적으로 무슨 이야기를 하는지 알아야 한다.

※ [13~16] 다음을 듣고 들은 내용과 같은 것을 고르십시오. (각 2점) `Track 068`

13. ① 여자는 송별회를 하고 싶어 하지 않는다.
   ② 남자가 요리 재료를 사 가지고 올 것이다.
   ③ 친구들이 먹을 것을 준비해서 만날 것이다.
   ④ 두 사람은 남자의 집에서 요리를 하려고 한다.

2 안내 방송의 내용 이해하기 【토픽Ⅱ 듣기 14번 문제】

 전략
▶ 안내 방송에서 무엇에 대해서 말하는지 이해해야 한다.
▶ 안내 방송에서 설명하는 구체적인 내용을 알아야 한다.

※ [13~16] 다음을 듣고 들은 내용과 같은 것을 고르십시오. (각 2점) `Track 069`

14. ① 7시에 공연이 끝난다.
   ② 조용히 공연을 관람해야 한다.
   ③ 공연장에서 사진을 촬영해도 된다.
   ④ 세계적인 배우가 나오는 연극 공연이다.

3 뉴스의 내용 이해하기 【토픽 II 듣기 15번 문제】

▶ 뉴스에서 어떤 사건에 대해서 이야기하는지 이해해야 한다.
▶ 구체적으로 어떤 정보가 있는지 알아야 한다.

※ [13~16] 다음을 듣고 들은 내용과 같은 것을 고르십시오. (각 2점) `Track 070`

15. ① 이 사고는 오늘 새벽 6시에 발생했다.
　　② 이 사고로 인해 죽거나 다친 사람이 없다.
　　③ 이 사고 때문에 경찰의 현장 출동이 늦어졌다.
　　④ 아직 사고의 처리가 끝나지 않아서 교통 체증이 심하다.

4 인터뷰의 내용 이해하기 【토픽 II 듣기 16번 문제】

▶ 인터뷰 상황의 대화에서 두 사람이 무엇에 대해서 이야기하는지 이해해야 한다.
▶ 두 사람이 구체적으로 무슨 이야기를 하는지 알아야 한다.

※ [13~16] 다음을 듣고 들은 내용과 같은 것을 고르십시오. (각 2점) `Track 071`

16. ① 가짜로 웃으면 심장이 빨리 뛰게 된다.
　　② 억지로 웃으면 스트레스가 쌓이게 된다.
　　③ 가짜 웃음으로 행복감을 느낄 수는 없다.
　　④ 가짜 웃음이 건강에 도움이 될 때가 있다.

5 공적 상황의 대화 내용 이해하기 【토픽Ⅱ 듣기 22번 문제】

 전략
▶ 어떤 문제에 대해서 이야기하는지 이해해야 한다.
▶ 문제에 대해서 구체적으로 무엇을 이야기하는지 알아야 한다.

※ **[21~22] 다음을 듣고 물음에 답하십시오. (각 2점)**

22. 들은 내용과 같은 것을 고르십시오.　　　　　　　　　　　　Track 072

　　① 남자는 유명인에게 부탁해서 광고를 하려고 한다.

　　② 남자는 안정적으로 팔리는 책을 출판할 생각이다.

　　③ 남자는 재테크와 여행에 관련된 책에 관심이 있다.

　　④ 남자는 실용적인 정보와 관련된 책이 인기가 있다고 생각한다.

5 공적 상황의 대화 내용 이해하기 【토픽Ⅱ 듣기 24번 문제】

 전략
▶ 누가 누구에게 전화를 걸었는지 이해해야 한다.
▶ 구체적으로 어떤 문제가 있는지 자세히 알아야 한다.

※ **[23~24] 다음을 듣고 물음에 답하십시오. (각 2점)**

24. 들은 내용과 같은 것을 고르십시오.　　　　　　　　　　　　Track 073

　　① 자동차보험은 운전자 본인의 안전을 위한 보험이다.

　　② 운전자는 누구나 자동차보험과 운전자보험에 가입해야 한다.

　　③ 운전자보험은 운전자가 사고를 냈을 때 피해자에게 보상한다.

　　④ 이 회사의 자동차보험 가입자는 운전자보험을 싸게 가입할 수 있다.

⑤ 공적 상황의 대화 내용 이해하기【토픽 II 듣기 26번 문제】

 전략
▶ 남자가 무엇에 대해서 말하는지 이해해야 한다.
▶ 설명하는 내용이 구체적으로 무엇인지 알아야 한다.

※ [25~26] 다음을 듣고 물음에 답하십시오. (각 2점)

26. 들은 내용과 같은 것을 고르십시오. `Track 074`

① 이번 영화를 만들면서 어려움이 없었다.
② 이번 영화는 소설을 바탕으로 만들어졌다.
③ 이번 영화는 기존 작품들과 같이 완성도가 높다.
④ 이번 영화에는 유명하고 잘 알려진 배우가 많이 나온다.

⑤ 공적 상황의 대화 내용 이해하기【토픽 II 듣기 28번 문제】

 전략
▶ 남자가 무엇에 대해서 말하는지 이해해야 한다.
▶ 설명하는 내용이 구체적으로 무엇인지 알아야 한다.

※ [27~28] 다음을 듣고 물음에 답하십시오. (각 2점)

28. 들은 내용과 같은 것을 고르십시오. `Track 075`

① 이 박람회에서 희망자들에게 일자리를 제공한다.
② 이 박람회에 가면 해외 취업 정보를 얻을 수 있다.
③ 이 박람회는 무역회사에서 일할 사람을 뽑기 위한 것이다.
④ 이 박람회에서 기업들이 서류 심사와 면접을 진행할 것이다.

5 공적 상황의 대화 내용 이해하기 【토픽 II 듣기 30번 문제】

▶ 누가 무엇에 대해서 이야기하는지 이해해야 한다.
▶ 남자가 설명하는 내용을 자세하게 알아야 한다.

※ [29~30] 다음을 듣고 물음에 답하십시오. (각 2점)

30. 들은 내용과 같은 것을 고르십시오. Track 076

① 이 직업은 오래전부터 있었다.

② 이 직업은 친환경적인 작업에 종사한다.

③ 이 직업은 나무를 문화재로 지정하는 일이다.

④ 이 직업은 나무를 좋아하는 사람이면 할 수 있다.

5 공적 상황의 대화 내용 이해하기 【토픽 II 듣기 34번 문제】

▶ 무엇에 대한 설명인지 이해해야 한다.
▶ 주제에 대해서 구체적으로 무엇을 설명하는지 알아야 한다.

※ [33~34] 다음을 듣고 물음에 답하십시오. (각 2점)

34. 들은 내용과 같은 것을 고르십시오. Track 077

① 가상현실은 인터넷의 발달로 이제 옛말이 되었다.

② 가상현실은 환경과 관계없이 운동을 즐길 수 있다.

③ 가상현실은 전문 선수들의 훈련에는 효과적이지 않다.

④ 가상현실은 학습된 내용이 있어야 상황을 만들 수 있다.

5 공적 상황의 대화 내용 이해하기 【토픽Ⅱ 듣기 36번 문제】

 ▶ 말하는 사람이 왜 이야기하고 있는지 이해해야 한다.
▶ 구체적으로 무슨 이야기를 하는지 알아야 한다.

※ [35~36] 다음을 듣고 물음에 답하십시오. (각 2점)

36. 들은 내용과 같은 것을 고르십시오. `Track 078`

① 이 행사에 재학생과 졸업생들만 참석했다.

② 이 행사를 위해서 선생님들이 성금을 모았다.

③ 이 행사에서 후배들이 졸업생들에게 돈을 전달했다.

④ 이 행사에 참석한 학생들이 공부하는 동안 학교가 이사했다.

5 공적 상황의 대화 내용 이해하기 【토픽Ⅱ 듣기 38번 문제】

 ▶ 무엇을 주제로 이야기하는지 이해해야 한다.
▶ 주제에 대해서 무엇을 설명하는지 자세하게 알아야 한다.

※ [37~38] 다음을 듣고 물음에 답하십시오. (각 2점)

38. 들은 내용과 같은 것을 고르십시오. `Track 079`

① 짜여진 일정을 따라다니는 여행이 많아졌다.

② 자신의 취향에 맞춰서 즐기려는 여행이 많아졌다.

③ 농어촌에 살기 위해서 지역을 경험해 보는 여행이 많아졌다.

④ 병을 치료하기 위한 여러 가지 체험을 하는 여행이 많아졌다.

5 **공적 상황의 대화 내용 이해하기 【토픽 II 듣기 40번 문제】**

 전략 ▶ 무엇에 대해서 이야기하는지 중심 내용을 이해해야 한다.
▶ 주제에 대해서 구체적으로 무엇을 설명하는지 알아야 한다.

※ **[39~40] 다음을 듣고 물음에 답하십시오. (각 2점)**

40. 들은 내용과 같은 것을 고르십시오. `Track 080`

① 연금제도에 대한 단기적인 개선책이 필요하다.
② 미래 세대를 위해서 연금제도를 만들어야 한다.
③ 현재의 연금제도는 많이 내고 적게 받는 방식이다.
④ 연금제도를 개선하려면 사회 전반의 개혁이 필요하다.

5 **공적 상황의 대화 내용 이해하기 【토픽 II 듣기 42번 문제】**

 전략 ▶ 무엇에 대한 강연인지 이해해야 한다.
▶ 중심 내용에 대해서 설명하는 세부적인 내용을 알아야 한다.

※ **[41~42] 다음을 듣고 물음에 답하십시오. (각 2점)**

42. 들은 내용과 같은 것을 고르십시오. `Track 081`

① 유적 발굴에는 오랜 기간이 필요하다.
② 깊이 묻혀 있는 유적은 지표조사가 필요 없다.
③ 유적의 분포에 따라서 발굴 방법이 달라진다.
④ 유물은 발굴한 지역에 따라서 분석 시간이 다르다.

5 **공적 상황의 대화 내용 이해하기** 【토픽Ⅱ 듣기 44번 문제】

▶ 무엇에 대한 내용인지 이해해야 한다.
▶ 설명의 세부적인 내용을 알아야 한다.

※ [43~44] 다음을 듣고 물음에 답하십시오. (각 2점)

44. 식충식물이 벌레를 잡아먹는 이유로 맞는 것을 고르십시오.   Track 082

① 생존에 필요한 열량을 얻기 위해서
② 무기질과 영양분을 보충하기 위해서
③ 척박한 환경에 서식지를 넓히기 위해서
④ 햇빛이 없는 환경에서 살아남기 위해서

5 **공적 상황의 대화 내용 이해하기** 【토픽Ⅱ 듣기 45번 문제】

▶ 무엇에 대해서 이야기하는지 알아야 한다.
▶ 이야기하는 대상의 특징을 자세하게 이해해야 한다.

※ [45~46] 다음을 듣고 물음에 답하십시오. (각 2점)

45. 들은 내용과 같은 것을 고르십시오.   Track 083

① 서석지는 민가의 정원을 대표하는 곳이다.
② 서석지는 왕과 선비들을 위해서 만든 정원이다.
③ 서석지에 있는 나무에는 사람처럼 이름이 있다.
④ 서석지는 나무가 아름다운 정원이라는 의미이다.

5 공적 상황의 대화 내용 이해하기【토픽Ⅱ 듣기 47번 문제】

전략
▶ 무엇에 대해서 이야기하는지 이해해야 한다.
▶ 전문가의 설명이 구체적으로 어떤 내용인지 알아야 한다.

※ [47~48] 다음을 듣고 물음에 답하십시오. (각 2점)

47. 들은 내용과 같은 것을 고르십시오.   Track 084

① 보호무역 정책은 자국의 경쟁력과 경제성장률을 낮춘다.
② 보호무역 정책은 교역국의 물건에 높은 관세를 부과한다.
③ 보호무역은 자국의 물건을 비싸게 팔기 위한 무역 제도이다.
④ 보호무역은 시장 경제의 원칙에 따라 이루어지는 무역 제도이다.

5 공적 상황의 대화 내용 이해하기【토픽Ⅱ 듣기 49번 문제】

전략
▶ 주제가 무엇인지 이해해야 한다.
▶ 구체적으로 어떤 내용을 말하고 있는지 알아야 한다.

※ [49~50] 다음을 듣고 물음에 답하십시오. (각 2점)

49. 들은 내용과 같은 것을 고르십시오.   Track 085

① 이 제도는 모든 참여자에게 수당을 지급한다.
② 이 제도는 청년들에게 일자리를 제공한다.
③ 이 제도는 연령을 불문하고 참여할 수 있다.
④ 이 제도는 저소득층 구직자를 지원하고 있다.

1 일상 대화의 내용 이해하기 【토픽 II 듣기 13번 문제】

▶ 일상적인 대화에서 두 사람이 무엇에 대해서 이야기하는지 이해해야 한다.
▶ 두 사람이 구체적으로 무슨 이야기를 하는지 알아야 한다.

※ [13~16] 다음을 듣고 들은 내용과 같은 것을 고르십시오. (각 2점)　　Track 086

13. ① 다음 달부터 월급이 인상된다.

　② 내일부터 지하철 요금이 인상된다.

　③ 여자는 회사 근처로 이사할 계획이다.

　④ 여자는 물가 인상으로 생활하기가 힘들다.

2 안내 방송의 내용 이해하기 【토픽 II 듣기 14번 문제】

▶ 안내 방송에서 무엇에 대해서 말하는지 이해해야 한다.
▶ 안내 방송에서 설명하는 구체적인 내용을 알아야 한다.

※ [13~16] 다음을 듣고 들은 내용과 같은 것을 고르십시오. (각 2점)　　Track 087

14. ① 아파트 안에는 주차를 할 수 없다.

　② 아파트 화단 앞쪽은 주차 금지 구역이다.

　③ 주차 시설이 부족해서 입주민들이 불편하다.

　④ 주차 공간이 부족해서 이중 주차를 해야 한다.

Track 088
Track 089

3 뉴스의 내용 이해하기 【토픽Ⅱ 듣기 15번 문제】

 ▶ 뉴스에서 어떤 사건에 대해서 이야기하는지 이해해야 한다.
▶ 구체적으로 어떤 정보가 있는지 알아야 한다.

※ [13~16] 다음을 듣고 들은 내용과 같은 것을 고르십시오. (각 2점)

15. ① 이 화재는 어제 새벽에 일어났다.
② 화재의 원인이 정확하게 밝혀졌다.
③ 이 화재로 여성 2명이 목숨을 잃었다.
④ 이 화재로 3명이 근처에 있는 병원으로 옮겨졌다.

4 인터뷰의 내용 이해하기 【토픽Ⅱ 듣기 16번 문제】

 ▶ 인터뷰 상황의 대화에서 두 사람이 무엇에 대해서 이야기하는지 이해해야 한다.
▶ 두 사람이 구체적으로 무슨 이야기를 하는지 알아야 한다.

※ [13~16] 다음을 듣고 들은 내용과 같은 것을 고르십시오. (각 2점)

16. ① 동물 보호 센터에서 다양한 교육 사업을 한다.
② 동물 보호 센터에서 동물권에 대한 논의를 한다.
③ 동물 보호 센터에서 보호자들을 위한 심리 치료를 한다.
④ 동물 보호 센터에서 동물을 주인공으로 하는 프로그램을 만든다.

5 공적 상황의 대화 내용 이해하기 【토픽Ⅱ 듣기 22번 문제】

▶ 어떤 문제에 대해서 이야기하는지 이해해야 한다.
▶ 문제에 대해서 구체적으로 무엇을 이야기하는지 알아야 한다.

※ [21~22] 다음을 듣고 물음에 답하십시오. (각 2점)

22. 들은 내용으로 맞는 것을 고르십시오.   `Track 090`

① 남자는 취업을 준비하고 있는 취업준비생이다.

② 여자는 입사 면접을 보고 결과를 기다리는 중이다.

③ 면접을 잘 보려면 이력서와 자기소개서를 잘 작성해야 한다.

④ 남자는 면접관의 입장에서 예상 질문을 만들어 보라고 조언한다.

5 공적 상황의 대화 내용 이해하기 【토픽Ⅱ 듣기 24번 문제】

▶ 누가 누구에게 전화를 걸었는지 이해해야 한다.
▶ 구체적으로 어떤 문제가 있는지 자세히 알아야 한다.

※ [23~24] 다음을 듣고 물음에 답하십시오. (각 2점)

24. 들은 내용과 같은 것을 고르십시오.   `Track 091`

① 용감한 시민상 수상자는 감사장과 돈을 받게 된다.

② 남자는 용감한 시민상 수상자로 선정된 것을 알고 있었다.

③ 남자가 용감하게 행동했지만 흉기 난동 범인을 잡지 못했다.

④ 남자는 용감한 시민상을 받을 만한 일을 했다고 생각하고 있다.

5 공적 상황의 대화 내용 이해하기 【토픽 II 듣기 26번 문제】

 전략
▶ 남자가 무엇에 대해서 말하는지 이해해야 한다.
▶ 설명하는 내용이 구체적으로 무엇인지 알아야 한다.

※ [25~26] 다음을 듣고 물음에 답하십시오. (각 2점)

26. 들은 내용과 같은 것을 고르십시오. Track 092

① 이 휴대전화는 기존의 제품에 비해 디자인이 좋아졌다.
② 이 휴대전화는 기존의 제품보다 판매량이 많이 늘었다.
③ 이 휴대전화는 기존의 제품과 크기와 기능이 유사하다.
④ 이 휴대전화는 하루 종일 배터리 충전 없이 사용 가능하다.

5 공적 상황의 대화 내용 이해하기 【토픽 II 듣기 28번 문제】

 전략
▶ 남자가 무엇에 대해서 말하는지 이해해야 한다.
▶ 설명하는 내용이 구체적으로 무엇인지 알아야 한다.

※ [27~28] 다음을 듣고 물음에 답하십시오. (각 2점)

28. 들은 내용과 같은 것을 고르십시오. Track 093

① 이 회사는 일방적으로 사무실 근무를 요구하고 있다.
② 이 회사는 직원들과의 소통을 위해 재택근무를 시행해 왔다.
③ 이 회사는 재택근무와 사무실 근무 희망에 대한 조사를 하고 있다.
④ 이 회사는 재택근무와 사무실 근무의 조화로운 운영 방안을 모색하고 있다.

5 **공적 상황의 대화 내용 이해하기** 【토픽Ⅱ 듣기 30번 문제】

전략
▶ 누가 무엇에 대해서 이야기하는지 이해해야 한다.
▶ 남자가 설명하는 내용을 자세하게 알아야 한다.

※ [29~30] 다음을 듣고 물음에 답하십시오. (각 2점)

30. 들은 내용과 같은 것을 고르십시오.　　　　Track 094

　① 이 회사는 개발자를 모집하고 있다.
　② 이 회사 임원들의 연봉은 국내에서 가장 높다.
　③ 이 회사 식당에서 저렴한 가격으로 식사를 할 수 있다.
　④ 이 회사는 최근 경기 침체로 인해 회사 운영이 악화되고 있다.

5 **공적 상황의 대화 내용 이해하기** 【토픽Ⅱ 듣기 34번 문제】

전략
▶ 무엇에 대한 설명인지 이해해야 한다.
▶ 주제에 대해서 구체적으로 무엇을 설명하는지 알아야 한다.

※ [33~34] 다음을 듣고 물음에 답하십시오. (각 2점)

34. 들은 내용과 같은 것을 고르십시오.　　　　Track 095

　① 이 신약은 처음부터 고도비만 환자를 위해 개발되었다.
　② 간단하게 먹을 수 있는 비만 치료제 판매가 증가했다.
　③ 이 신약은 임상시험에서 체중 감량 효과가 있는 것으로 나타났다.
　④ 운동과 식이요법을 하면 고도비만 환자도 쉽게 체중을 줄일 수 있다.

5 공적 상황의 대화 내용 이해하기 【토픽 II 듣기 36번 문제】

 전략
▶ 말하는 사람이 왜 이야기하고 있는지 이해해야 한다.
▶ 구체적으로 무슨 이야기를 하는지 알아야 한다.

※ [35~36] 다음을 듣고 물음에 답하십시오. (각 2점)

36. 들은 내용과 같은 것을 고르십시오. `Track 096`

① 별빛어린이도서관은 어린이들만 입장이 가능하다.
② 별빛어린이도서관은 친환경 소재를 사용하여 만들었다.
③ 별빛어린이도서관은 마포 주민들의 기부금으로 건립되었다.
④ 별빛어린이도서관의 명칭은 마포 주민들에게 공모하여 정했다.

5 공적 상황의 대화 내용 이해하기 【토픽 II 듣기 38번 문제】

 전략
▶ 무엇을 주제로 이야기하는지 이해해야 한다.
▶ 주제에 대해서 무엇을 설명하는지 자세하게 알아야 한다.

※ [37~38] 다음을 듣고 물음에 답하십시오. (각 2점)

38. 들은 내용과 같은 것을 고르십시오. `Track 097`

① 고가의 디저트 열풍의 원인은 색다른 맛 때문이다.
② 밥값보다 비싼 후식을 즐기는 젊은이들이 증가했다.
③ 우리 사회는 옛날부터 전통적으로 후식을 즐기는 사회였다.
④ 고가의 지갑을 구매해서 SNS에 공유하는 젊은 세대가 증가했다.

5 공적 상황의 대화 내용 이해하기【토픽II 듣기 40번 문제】

 ▶ 무엇에 대해서 이야기하는지 중심 내용을 이해해야 한다.
▶ 주제에 대해서 구체적으로 무엇을 설명하는지 알아야 한다.

※ [39~40] 다음을 듣고 물음에 답하십시오. (각 2점)

40. 들은 내용과 같은 것을 고르십시오.   Track 098

① 노화 속도를 늦추려면 의학적인 치료가 필요하다.

② 노화의 진행을 막을 수 있는 다양한 치료제가 개발되었다.

③ 신체 활동의 감소가 노화를 가속화시키는 원인 중의 하나이다.

④ 과거에 비해 영양이 풍부한 음식을 먹어서 노화 속도가 늦춰졌다.

5 공적 상황의 대화 내용 이해하기【토픽II 듣기 42번 문제】

 ▶ 무엇에 대한 강연인지 이해해야 한다.
▶ 중심 내용에 대해서 설명하는 세부적인 내용을 알아야 한다.

※ [41~42] 다음을 듣고 물음에 답하십시오. (각 2점)

42. 들은 내용과 같은 것을 고르십시오.   Track 099

① 에어 택시는 수송하는 무게에 제한이 없다.

② 에어 택시는 좁은 공간에서도 이착륙이 가능하다.

③ 에어 택시가 상용화되어 많은 사람들이 이용하고 있다.

④ 에어 택시는 처음부터 저렴한 기격으로 이용이 가능하다.

5 **공적 상황의 대화 내용 이해하기** 【토픽 II 듣기 44번 문제】

 전략
▶ 무엇에 대한 내용인지 이해해야 한다.
▶ 설명의 세부적인 내용을 알아야 한다.

※ **[43~44] 다음을 듣고 물음에 답하십시오. (각 2점)**

44. 우주비행사들의 음식에 액체가 들어 있는 이유로 맞는 것을 고르십시오. `Track 100`

    ① 장기간 음식을 보관하기 위해서

    ② 우주선에서 음식을 쉽게 조리하기 위해서

    ③ 음식 부스러기가 떠다니는 것을 방지하기 위해서

    ④ 우주비행사들에게 충분한 영양을 공급하기 위해서

5 **공적 상황의 대화 내용 이해하기** 【토픽 II 듣기 45번 문제】

 전략
▶ 무엇에 대해서 이야기하는지 알아야 한다.
▶ 이야기하는 대상의 특징을 자세하게 이해해야 한다.

※ **[45~46] 다음을 듣고 물음에 답하십시오. (각 2점)**

45. 들은 내용과 같은 것을 고르십시오. `Track 101`

    ① 근정전은 단층 건물로 보이지만 2층 건물이다.

    ② 일월오악도는 조선시대 임금을 상징하는 그림이다.

    ③ 근정전 안에 신하의 계급을 나타내는 품계석이 있다.

    ④ 신하들은 품계가 높을수록 왕과 멀리 떨어져 서야 했다.

5 공적 상황의 대화 내용 이해하기【토픽Ⅱ 듣기 47번 문제】

전략
▶ 무엇에 대해서 이야기하는지 이해해야 한다.
▶ 전문가의 설명이 구체적으로 어떤 내용인지 알아야 한다.

※ [47~48] 다음을 듣고 물음에 답하십시오. (각 2점)

47. 들은 내용과 같은 것을 고르십시오.   Track 102

① 세금을 내지 않은 사람들의 명단을 모두 공개했다.

② 관세청이 단속을 했지만 체납자 수는 오히려 크게 증가했다.

③ 체납자 중 해외로 도망갈 위험이 있는 사람은 출국을 금지했다.

④ 대부분의 체납자들은 경제적인 여유가 없어서 세금을 내지 못한다.

5 공적 상황의 대화 내용 이해하기【토픽Ⅱ 듣기 49번 문제】

전략
▶ 주제가 무엇인지 이해해야 한다.
▶ 구체적으로 어떤 내용을 말하고 있는지 알아야 한다.

※ [49~50] 다음을 듣고 물음에 답하십시오. (각 2점)

49. 들은 내용과 같은 것을 고르십시오.   Track 103

① 혁신 의료는 현재 건강보험 적용 대상이 아니다.

② 혁신 의료는 소득 수준에 따라 치료비가 결정된다.

③ 혁신 의료는 치료 시기를 놓친 환자들에게 효과적이다.

④ 혁신 의료는 취약 계층이 저렴한 비용으로 이용할 수 있다.

Listening Plus

Track 104

※ 듣기 문제에서 나온 어휘를 다시 한번 듣고 익혀 보세요.

- 가공
- 가속화
- 가입
- 각자
- 간직하다
- 강압적
- 개관
- 개선
- 개입
- 개혁
- 거행되다
- 검토
- 경향
- 고도비만
- 공공
- 공로
- 공모
- 공유
- 공존
- 과잉
- 교역
- 교통 체증

- 구역
- 구체적
- 국보
- 그냥
- 기부금
- 난동
- 남기다
- 납부
- 노고
- 노화
- 논의
- 단련
- 단정하다
- 대우
- 대처하다
- 도피
- 동의
- 둘러싸이다
- 마련
- 마음껏
- 만만찮다
- 맞이하다

Listening Plus

- 몰입
- 무시무시하다
- 묻히다
- 물가
- 미납하다
- 밀폐
- 반영하다
- 발굴
- 발생하다
- 번거롭다
- 범인
- 보상
- 보증
- 보충하다
- 복장
- 복지
- 부과
- 부담
- 분석
- 분야
- 분포
- 불티나다

- 비결
- 비대면
- 비중
- 사상자
- 사신
- 상담
- 상서롭다
- 상습적
- 상용화
- 상행선
- 생계
- 생명
- 생소하다
- 서식
- 선정
- 섭외
- 세계적
- 세밀하다
- 소모하다
- 소요되다
- 소통
- 송별회

Listening Plus

- 수송
- 식단
- 식이요법
- 신약
- 실감
- 실용적이다
- 실컷
- 안전
- 안정적이다
- 알려지다
- 알아내다
- 액체
- 억제
- 억지로
- 역할
- 연금
- 열풍
- 영입
- 예상
- 옮기다
- 완화
- 요금

- 요인
- 용량
- 운영
- 원작
- 위협
- 유도하다
- 유사하다
- 유지하다
- 응원
- 이력서
- 이상
- 이송
- 이전
- 이행
- 인건비
- 인식
- 임상시험
- 입주민
- 장착하다
- 재택근무
- 적극적이다
- 전념

Listening Plus

- 전략
- 제재
- 제한
- 조성하다
- 종사하다
- 주목
- 중시하다
- 중증
- 즉위
- 지르다
- 지원
- 지장
- 지정
- 진공포장
- 진로
- 진화
- 집필
- 차별화
- 차지
- 참여
- 책정
- 척박하다

- 체납자
- 체중 감량
- 체포하다
- 촉구하다
- 추돌
- 추적하다
- 출동
- 출시
- 취약
- 취업
- 치유
- 친환경적
- 침체
- 토대
- 통과
- 통제
- 특강
- 파격적
- 포상금
- 폭을 넓히다
- 품계
- 피해

Listening Plus

- 학업
- 한계
- 해소
- 혁신
- 현장
- 혐오스럽다
- 협의
- 협조
- 혼잡
- 화재
- 확장
- 활주로
- 효과
- 효과적이다
- 후기
- 훈련
- 흉기
- 희귀 난치성 질환

MEMO

MEMO

MEMO

MEMO

Test of Proficiency in Korean

한국어능력시험

TOPIK II
듣기

(주)다락원 경기도 파주시 문발로 211

📞 (02)736-2031 (내용문의: 내선 291~296 / 구입문의: 내선 250~252)

🖨 (02)732-2037

🌐 www.darakwon.co.kr

※ 출판등록 1977년 9월 16일 제406-2008-000007호

정가 **15,000**원

13710

ISBN 978-89-277-7378-8

Test of Proficiency in Korean

한국어능력시험

TOPIK II
듣기

전나영 · 손성희 (연세대학교 한국어학당 교수) 공저

| 정답 및 풀이 |

다락원

정답 및 풀이

[정답 및 풀이] 활용법

❶ 정답 확인하기

문제를 풀어 보고 정답이 맞는지 확인해 보세요!

❷ 듣기 지문 확인하기

기본 음성과 실제 시험장에서 들리는 음성 파일을 모두 다시 듣고 지문을 읽으면서 확인해 보세요. 듣기 문제를 풀 때 정답의 단서가 되는 부분에 표시해 두었어요. 이 표현을 잘 들을 수 있도록 연습하세요.

❸ 문제 이해하기

문제를 자세하게 풀이했어요.
정답의 근거를 찾고 오답의 함정에 빠지지 않도록 학습하세요.

❹ 주요 표현 익히기

지문에서 나온 어휘 중 TOPIK Ⅱ 학습에서 알아두어야 할 어휘를 정리했어요. 제시된 예문과 확장 표현을 통해 다양한 표현을 학습하세요.

정답 및 풀이

유형 ❶ 그림 또는 그래프 고르기

[유형 ❶ A]

1 대화가 이루어지는 장소 찾기

1. ①

듣기 대본

> 여자: 3번 고객님, 예약하셨나요?
> 남자: 아니요, 지금 접수를 하려고 합니다.
> 여자: 오늘은 예약 환자가 많아서 대기 시간이 길어
> 질 것 같습니다.

풀이

① 병원에서 이루어지는 상황이다. '당일 접수, 예약 환자'
등이 중요한 단어이다.
② 커피숍에서 이루어지는 상황이다. '주문하시겠어요?,
드시고 가세요?, 가지고 갈 거예요' 등의 대화가 오고
간다.
③ 식당 입구에서 이루어지는 상황이다. '몇 분이세요?,
예약하셨어요?, 지금 식사할 수 있어요?' 등의 대화가
오고 간다.
④ 은행 창구에서 이루어지는 상황이다. '계좌를 개설하
려고 합니다, 신분증을 가지고 오셨어요?' 등의 대화가
오고 간다.

주요 표현

• 고객
예문 최근 백화점을 찾는 고객이 늘었다.
확장 고객 센터, 단골 고객

• 예약
예문 식당을 예약했다가 일이 생겨서 취소했어요.
확장 예약 신청자, 예약 문의

• 접수
예문 금요일까지 접수를 해야 시험을 볼 수 있다.
확장 접수처, 접수 마감

• 환자

예문 환절기에는 감기 환자가 많다.
확장 응급 환자, 중환자

• 대기
예문 면접시험은 312호이고 대기 장소는 313호입니다.
확장 대기자, 대기 발령

2 대화 내용에 맞는 행동 찾기

2. ③

듣기 대본

> 남자: 많이 다치지 않아서 다행이다. 그래도 피가 나
> 니까 우선 밴드를 붙이자.
> 여자: 비싼 컵을 깨뜨려서 어떡해?
> 남자: 컵은 신경 쓰지 말고 손이나 이쪽으로 내밀
> 어 봐.

풀이

① 컵을 떨어뜨린 상황이다. '손이 미끄러워서 떨어뜨렸
어, 깜짝 놀랐어' 등의 대화가 오고 간다.
② 깨진 컵을 청소하는 상황이다. '내가 치울게, 다치지 않
게 조심해' 등의 대화가 오고 간다.
④ 깨진 유리창을 보고 있는 상황이다. '누가 깼을까?, 유
리를 갈아야겠어' 등의 대화가 오고 간다.

주요 표현

• 다치다
예문 계단에서 넘어져서 다리를 다쳤어요.
확장 팔을 다치다, 무릎을 다치다

• 다행이다
예문 비가 많이 왔지만 공연을 볼 수 있어서 다행이었다.
확장 다행스럽다, 다행히

• 우선
예문 건강해지려면 무엇보다도 우선 담배부터 끊어야 한다.
확장 우선순위, 먼저

• 신경 쓰다
예문 사춘기가 되면 외모에 신경을 쓰기 시작한다.
확장 신경이 쓰이다, 신경질을 부리다

• 내밀다

예문 강아지가 창문 밖으로 얼굴을 내밀고 있다.

확장 내다, 내놓다

3 대화 내용에 맞는 그래프 찾기

3. ③

듣기 대본

> 남자: 한국의 고등학생들은 **학업으로 인한 스트레스가 가장 많았습니다.** 그다음은 가족이 스트레스의 원인이었습니다. 스트레스를 푸는 방법으로는 **혼자 스트레스를 푼다**는 응답이 63%로 가장 많았고 다음으로 **친구와 스트레스를 푼다**는 응답이 20%로 뒤를 이었습니다. **가족들과 함께 스트레스를 푼다고 응답한 경우는 9%로** 나타났습니다.

풀이

스트레스 원인은 '학업 〉 가족' 순이고 스트레스를 푸는 방법은 '혼자 〉 친구 〉 가족' 순이므로 ③이 정답이다.

주요 표현

• 학업

예문 경제 사정이 좋지 않아서 학업을 포기할 수밖에 없었다.

확장 학업 계획서, 학업 성취도

• 원인

예문 이번 화재의 원인이 무엇인지 조사 중이다.

확장 원인과 결과, 원인 분석, 원인 파악

• 응답

예문 여론조사 결과, 출산 계획이 없다는 응답이 60% 이상인 것으로 나타났습니다.

확장 질의응답, 응답자

• 뒤를 잇다

예문 아버지의 뒤를 이어 가게를 운영하고 있습니다.

확장 뒤를 쫓다, 뒤를 봐주다

[유형 ❶ B]

1 대화가 이루어지는 장소 찾기

1. ④

듣기 대본

> 여자: 5만 6천 원입니다. 할인 카드가 있으세요?
> 남자: 없습니다. 현금으로 결제하려고 하는데요.
> 여자: 영수증을 드릴까요?

풀이

① 식당에서 이루어지는 상황이다. '주문하시겠어요?, 불고기 2인분 주세요' 등의 대화가 오고 간다.

② 길에서 길을 물을 때 이루어지는 상황이다. '지하철역이 어느 쪽이에요?, 길을 건너서 쭉 가세요' 등의 대화가 오고 간다.

③ 버스정류장에서 이루어지는 상황이다. '시청에 가려면 몇 번 버스를 타야 해요?, 30분 정도 걸려요' 등의 대화가 오고 간다.

④ 계산대에서 이루어지는 상황이다. '결제하다, 영수증을 드릴까요?' 등의 대화가 오고 간다.

주요 표현

• 할인

예문 내일부터 모든 제품을 50% 할인합니다.

확장 할인 판매, 할인 행사

• 현금

예문 요즘은 현금을 가지고 다니는 사람이 별로 없다.

확장 현금지급기, 현금 결제

• 결제

예문 오늘까지 결제하지 않으면 예약이 취소됩니다.

확장 결제 수단, 결제일

• 영수증

예문 카드를 사용하면 꼭 영수증을 받으세요.

확장 현금 영수증, 카드 영수증

② 대화 내용에 맞는 행동 찾기

2. ②

듣기 대본

> 남자: 맛집이라고 해서 찾아왔는데 문이 닫혔네.
> 여자: 내부 수리 중이구나.
> 남자: 다음에는 미리 전화해 보고 와야겠다.

풀이

① 주문하는 상황이다. '뭘 먹을래?, 나는 비빔밥으로 할게' 등의 대화가 오고 간다.

② 문이 닫힌 식당 앞에서 이야기하는 상황이다. '문이 닫혔네, 내부 수리 중'과 같은 대화가 오고 간다.

③ 기다리는 상황이다. '줄이 너무 길어, 얼마나 기다려야 해?' 등의 대화가 오고 간다.

④ 계산하는 상황이다. '계산해 주세요, 영수증을 드릴까요?' 등의 대화가 오고 간다.

주요 표현

• 맛집
[예문] 관광지에는 유명한 맛집이 많아요.
[확장] 맛집 기행, 맛집 소개

• 닫히다
[예문] 바람이 강하게 불어서 문이 닫혔다.
[확장] 문을 닫다, 문이 열리다

• 내부
[예문] 문이 열려 있어서 가게 내부가 다 보인다.
[확장] 내부 인테리어, 내부 수리

• 수리하다
[예문] 집을 수리하지 못해서 비만 오면 걱정이다.
[확장] 수리비, 무상 수리

• 미리
[예문] 남의 집을 방문하기 전에는 미리 연락하는 것이 예의입니다.
[확장] 미리 알리다, 미리 준비하다

③ 대화 내용에 맞는 그래프 찾기

3. ④

듣기 대본

> 남자: 한국 대학생들은 현재 대학의 등록금이 '비싸다'라고 생각하는 경우가 가장 많았습니다. 다음으로 '싸다'는 대답이 뒤를 이었고 '적당하다'는 응답이 가장 적었습니다. 등록금을 마련하는 방법은 '가족의 도움'이 63%로 가장 많았고 다음으로 '장학금'이 18%, '대출'이 11%로 나타났습니다.

풀이

등록금에 대해서는 '비싸다 〉 싸다 〉 적당하다' 순으로 대답했고 등록금 마련 방법은 '가족의 도움 63% 〉 장학금 18% 〉 대출 11%' 순이므로 ④가 정답이다.

주요 표현

• 등록금
[예문] 대학에 합격한 사람은 등록금을 내야 입학이 인정된다.
[확장] 등록하다, 등록 기간

• 현재
[예문] 현재 상황으로는 결과를 예상하기가 어렵다.
[확장] 과거, 미래

• 적당하다
[예문] 여기는 넓고 시원해서 아이들이 놀기에 적당한 장소이다.
[확장] 적당히, 적당량

• 마련하다
[예문] 월급을 받아서 집을 마련하기가 쉽지 않다.
[확장] 마련되다, 마련이 있다

• 대출
[예문] 지금 집을 사려면 은행에서 대출을 받아야 한다.
[확장] 대출금, 대출이자

[유형 ❷ A]

1 이어지는 말 찾기

4. ③

듣기 대본

> 여자: 미안한데 오늘 약속을 좀 미뤘으면 좋겠어.
> 남자: 그래? 난 괜찮은데 무슨 일이 있어?
> 여자: _____

풀이

① '선약이 있는데 어떻게 하지?'에 대한 대답으로 적당한 표현이다.
② '언제 전화할까?'에 대한 대답으로 적당한 표현이다.
③ '무슨 일이 있어?. 어디가 아파?'와 같은 질문에 적당한 대답이다.
④ '왜 시내에서 만나?'에 대한 대답으로 적당한 표현이다.

주요 표현

• 약속
예문 약속을 했으면 지켜야지요.
확장 약속을 지키다, 약속을 어기다

• 미루다
예문 오늘 일을 내일로 미루지 말자.
확장 날짜를 미루다, 날짜를 당기다

5. ②

듣기 대본

> 남자: 중고 침대가 하나 필요한데 어디에서 사면 좋을까요?
> 여자: 졸업하는 선배들 중에 쓰던 물건을 파는 사람들이 있어요.
> 남자: _____

풀이

① 사용해 보라고 권할 때 사용하는 표현이다.
② 학교에서 학생들이 필요한 내용을 게시판에서 확인하는 상황에서 사용할 수 있는 표현이다.
③ 침대를 사지 말라고 할 때 사용하는 표현이다.
④ 가구시장이 어디에 있는지 알려 줄 때 사용하는 표현이다.

이다.

주요 표현

• 중고
예문 새 자동차가 너무 비싸서 중고 자동차를 샀다.
확장 중고품, 중고이다

• 필요하다
예문 집들이에 갈 때 생활에 필요한 물건을 선물하세요.
확장 필요 없다, 생활필수품

• 선배
예문 친형처럼 잘해 주시는 직장 선배가 계세요.
확장 대학 선배, 후배

6. ③

듣기 대본

> 여자: 요즘은 어두운색보다 밝은색이 유행이야.
> 남자: 난 밝은색 옷이 잘 안 어울려.
> 여자: _____

풀이

① 옷을 두 벌 사면 더 싸게 살 수 있을 때 사용하는 대화이다.
② 옷값에 대해서 말할 때 사용하는 대화이다.
③ 밝은색 옷을 입어 보라고 권할 때 사용하는 대화이다.
④ 옷이 작을 때 큰 치수로 입어 보라고 권할 때 사용하는 대화이다.

주요 표현

• 어둡다
예문 겨울에는 사람들이 어두운 색깔의 옷을 많이 입는다.
확장 밝다, 얼굴이 어둡다

• 유행
예문 요즘은 여자도 남자도 긴 머리가 유행이다.
확장 유행하다, 유행이 지나다

• 어울리다
예문 하얀색 티셔츠와 청바지가 잘 어울린다.
확장 나이에 어울리다, 신분에 어울리다

7. ③

> 여자: 인터넷으로 판매를 시작하자마자 표가 매진됐
> 대요.
> 남자: 오랜만에 하는 공연인 데다가 유명한 가수들도
> 많이 나오나 봐요.
> 여자: _____

풀이

① 표가 많이 남았다고 설명할 때 사용하는 대화이다.
② 공연을 보자고 제안할 때 사용하는 대화이다.
③ 사람들이 관심을 갖는 이유가 있다고 말할 때 사용하는
대화이다.
④ 인터넷으로 표를 사니까 편하다고 말할 때 사용하는 대
화이다.

주요 표현

• 판매
예문 백화점에서 할인 판매를 하면 손님이 많다.
확장 판매가, 판매량

• 매진
예문 연휴에는 영화표나 공연표가 매진되고 없다.
확장 매진되다, 품절

• 신인
예문 올해 연예계에는 신인들이 많이 등장했다.
확장 신인 가수, 신인 배우

8. ③

듣기 대본

> 남자: 관리실이죠? 여기 105동 308호인데요. 수도관
> 에 문제가 있는지 소리가 너무 시끄러워서요.
> 여자: 네, 알고 있습니다. 지금 수리기사들이 점검하
> 는 중인데 30분 정도면 끝날 겁니다.
> 남자: _____

풀이

① 상대방이 와야 하는 상황에서 사용할 수 있는 대화
이다.
② 지금 관리실에 전화하고 있는 상황이기 때문에 맞지
않다.
③ 지금 수도관에 문제가 있는 상황이기 때문에 질문할 수
있다.

④ 잘못을 했을 때 사용할 수 있는 대화이다.

주요 표현

• 관리실
예문 건물 1층에 관리실이 있으니까 문제가 생기면 알려
주세요.
확장 관리하다, 관리사무소

• 수도관
예문 날씨가 너무 추워서 곳곳에서 수도관이 터졌다.
확장 수도꼭지, 수도료

• 수리기사
예문 가전제품이 고장이 나면 수리기사가 방문해서 고쳐
준다.
확장 수리하다, 수리 센터

• 점검
예문 깨진 물건이 없는지 점검 후에 포장하세요.
확장 점검하다, 시설 점검

❷ 이어지는 행동 찾기

9. ③

듣기 대본

> 여자: 택배가 왔는데 잘못 배달된 것 같아.
> 남자: 그럼, 뜯지 말고 그대로 반송을 해야 해.
> 여자: 우체국에다가 연락하면 돼?
> 남자: 그냥 상자에 반송이라고 써서 밖에 내놔.

풀이

남자가 물건을 뜯지 말고 반송이라고 써서 밖에 내놓으라
고 했다. 그리고 우체국에 연락할 필요가 없다.

주요 표현

• 배달
예문 이만 원 이상이면 배달해 드립니다.
확장 배달하다, 배달시키다

• 뜯다
예문 아이들은 선물을 받자마자 포장지를 뜯었다.
확장 뜯어내다, 뜯어고치다

• 반송
예문 잘못 배달된 우편물은 버리지 말고 반송해야 돼요.
확장 반송되다, 반품하다

• 내놓다
예문 빈 병은 봉투에 담아서 밖에 내놓으면 돼요.
확장 내다, 꺼내 놓다

10. ②

듣기 대본

남자: 이 집은 시세보다 싼 편이고 위치도 좋아서 금
　　　방 나갈 거예요.
여자: 다 좋은데 방이 좀 작아서 망설여지네요.
남자: 그럼, **한 군데 더 보여 드릴까요?**
여자: 네, 그렇게 해 주시면 좋겠어요.

풀이

여자는 지금 보고 있는 집이 조금 마음에 들지 않는다. 그
래서 다른 곳을 더 봤으면 좋겠다고 한다.

주요 표현

• 시세
예문 경제가 좋아지면 주식 시세가 오른다.
확장 시세 변동, 시가

• 나가다
예문 혼자 사는 사람이 많아서 아파트보다 원룸이 잘 나
　　　간다.
확장 집이 나가다, 팔리다

• 망설여지다
예문 물건이 너무 비싸서 살까 말까 망설여졌다.
확장 망설이다, 머뭇거리다

• 군데
예문 보고서에 있는 날짜가 여러 군데 잘못되어 있다.
확장 몇 군데, 군데군데

11. ②

듣기 대본

남자: 평일인데도 사람이 많네. 탑승수속은 끝냈어?
여자: 응, 짐이 좀 많아서 추가 비용을 냈어.
남자: 짐표하고 탑승권 잘 챙겨.
여자: 걱정하지 마. **이제 타기만 하면 돼.**

풀이

두 사람이 공항에서 이야기하고 있다. 짐을 부치고 탑승
수속이 끝난 상황이라서 남은 일은 비행기를 타는 것이다.

주요 표현

• 탑승
예문 비행기에 탑승하기 전에 검색대를 지나가야 한다.
확장 탑승객, 탑승구

• 수속
예문 입원 수속이 너무 복잡해서 시간이 많이 걸렸다.
확장 수속하다, 입국 수속

• 추가
예문 입사하려는 지원자가 적어서 추가 모집을 하려고 한다.
확장 추가하다, 추가 시험

• 챙기다
예문 회의 전에 챙겨야 할 서류가 많다.
확장 짐을 챙기다, 챙겨 먹다

12. ④

듣기 대본

여자: 고등학교 동창이 보험회사에 들어갔다고 보험
　　　하나 들어 달라고 왔어요.
남자: 며칠 전에도 친척이 부탁해서 보험을 들지 않
　　　았어요?
여자: 그러니까요. **아무래도 지난번 것은 취소할까**
　　　봐요.
남자: 동창의 부탁을 거절하기 어려우면 그렇게라도
　　　해야지요.

풀이

여자는 보험회사에 들어간 고등학교 동창의 부탁을 들어
주려고 지난번에 든 보험을 취소하려고 한다.

주요 표현

• 동창
예문 동창들을 만나면 학생 때로 돌아간 것 같은 느낌
　　　이다.
확장 농장회, 농료

• 보험을 들다
예문 여행하는 동안 문제가 생겼을 때 도움을 주는 보험을
　　　들었다.
확장 보험에 가입하다, 자동차보험

• 취소하다
예문 예약을 취소하시려면 1번을 눌러 주세요.
확장 취소되다, 약속 취소

• 거절하다

예문 연봉을 많이 주겠다는 스카우트 제의를 거절하기가
쉽지 않다.

확장 부탁을 거절하다, 거절을 당하다

[유형 ❷ B]

◻ 이어지는 말 찾기

4. ③

듣기 대본

| 여자: 아무래도 컴퓨터를 새로 구입해야 할 거 같아.
| 남자: 컴퓨터를 산 지 얼마 되지 않았는데 벌써 문제
| 가 생겼어?
| 여자: _____

풀이

① '어디에서 컴퓨터를 구입했어?'에 대한 대답으로 적당
한 표현이다.

② '컴퓨터를 산 지 얼마나 됐어?'에 대한 대답으로 적당한
표현이다.

③ '컴퓨터에 문제가 생겼어?'에 대한 대답으로 적당한 표
현이다.

④ '왜 컴퓨터를 또 샀어?'에 대한 대답으로 적당한 표현
이다.

주요 표현

• 아무래도

예문 아무래도 오늘 모임에는 참석하기 어려울 것 같아요.

확장 아무리, 아무리 해도

• 구입

예문 오늘까지 구입하시는 분들에게 30% 할인해 드립
니다.

확장 구입 물품, 구입 가격

• 생기다

예문 제품에 문제가 생기면 언제든지 문의해 주십시오.

확장 문제가 생기다, 돈이 생기다

5. ④

듣기 대본

| 남자: 요즘 계속 두통이 심하고 잠도 푹 못 자요.
| 여자: 야근을 너무 많이 해서 그런 거 아니에요?
| 남자: _____

풀이

① 회사 일을 열심히 해야 한다는 말에 동의할 때 사용하
는 표현이다.

② 확실하지는 않지만 무리하는 것이 건강에 좋지 않을 것 같다는 의미이다.

③ 내일부터 야근을 하겠다는 의지를 나타낼 때 사용하는 표현이다.

④ 상대방의 말을 인정하면서 오늘은 쉬겠다는 생각을 나타내는 표현이다.

주요 표현

• 두통

예문 약을 먹었는데도 두통이 낫지 않아요.

확장 복통, 치통, 통증

• 심하다

예문 감기가 심해서 어제는 출근도 못했어요.

확장 농담이 심하다, 심하게

• 푹

예문 오랜만에 푹 쉬었더니 몸이 많이 좋아졌어요.

확장 푹 쉬다, 푹 빠지다

• 야근

예문 옛날보다 늦게까지 야근하는 직장인이 많이 줄어들었다.

확장 야근 수당, 야식

6. ③

듣기 대본

> 여자: 오늘 수업이 끝나고 뭐 할 거야?
>
> 남자: 특별한 계획은 없는데 오랜만에 같이 영화 볼래?
>
> 여자: _____

풀이

① 항상 계획이 있는 게 좋다는 표현이다.

② 오늘 수업이 있는지 없는지 알아보자는 의미이다.

③ 어떤 영화를 볼지 이야기할 때 사용하는 표현이다.

④ 요즘 영화를 보는 사람이 많은 이유를 지금 알게 되었을 때 사용하는 표현이다.

주요 표현

• 끝나다

예문 1시에 수업이 끝나면 바로 연락드릴게요.

확장 마치다, 끝내다

• 특별하다

예문 모든 부모는 자신의 아이가 특별하다고 생각한다.

확장 특별 지원, 특별한 선물

• 계획

예문 올 연말에 특별한 계획이 있어요?

확장 계획을 세우다, 계획표

• 오랜만에

예문 고등학교 동창들과 오랜만에 만나서 즐거운 시간을 보냈다.

확장 오랫동안, 오랜만입니다

7. ③

듣기 대본

> 남자: 다음 주부터 백화점에서 대대적인 할인 행사를 한대요.
>
> 여자: 그래요? 그렇지 않아도 겨울옷을 사려고 했는데 잘됐네요.
>
> 남자: _____

풀이

① 상대방이 백화점에 자주 가는 것을 알게 되었을 때 사용하는 표현이다.

② 알려진 대로 백화점 물건이 좋다는 의미이다.

③ 다음 주에 백화점에 가 보자고 제안할 때 사용하는 표현이다.

④ 백화점 할인 행사를 어떻게 알게 되었는지 궁금할 때 사용하는 표현이다.

주요 표현

• 대대적

예문 연말에 대대적으로 음주 단속을 실시한다고 합니다.

확장 대규모, 대대적인, 대대적으로

• 할인

예문 동일한 제품을 2개 이상을 구입하시면 30% 할인해 드립니다.

확장 할인 상품, 할인 판매

• 행사

예문 어린이날을 맞이하여 올림픽 공원에서 어린이날 행사를 개최합니다.

확장 행사 기획, 행사 진행

8. ②

> 남자: 지난주에 구매한 화장품을 환불하려고 하는
>   데요.
> 여자: 이미 개봉하신 후라서 환불이 안 됩니다.
> 남자: _____

풀이

① 환불을 할 수 있을 때 사용하는 표현이다.
② 사용하지 않은 물건이므로 교환이라도 해 달라고 요청
  할 때 사용하는 표현이다.
③ 환불이 안 된다고 한 상황이기 때문에 맞지 않다.
④ 이미 화장품을 개봉한 상황이기 때문에 맞지 않다.

주요 표현

• 구매하다
예문 예전부터 사고 싶었던 노트북을 드디어 구매했다.
확장 충동구매, 공동 구매

• 환불하다
예문 환불은 구매한 후 2주일 이내에 하셔야 합니다.
확장 환불 규정, 전액 환불

• 개봉
예문 제품에 하자가 있으면 개봉을 했더라도 교환이나 환
  불이 가능합니다.
확장 개봉 예정 영화, 개봉 후 반품 불가

• 상태
예문 안색을 보면 보통 현재의 건강 상태를 알 수 있습니
  다.
확장 피부 상태, 위생 상태

2 이어지는 행동 찾기

9. ③

듣기 대본

> 여자: 짐이 너무 무거운데 어떻게 하지?
> 남자: 지하철역 안에 물품 보관함이 있을 거야. 거기
>   에 짐을 보관하자.
> 여자: 그게 좋겠다. 내가 물품 보관함이 어디에 있는
>   지 찾아볼게.
> 남자: 그래. 그럼 내가 짐을 지키고 있을게.

풀이

여자가 물품 보관함이 어디에 있는지 찾아보겠다고 했으
므로 물품 보관함의 위치를 알아보러 갈 것이다.

주요 표현

• 짐
예문 여행을 갈 때 짐은 되도록 간단하게 가지고 가는 게
  좋다.
확장 이삿짐, 짐 보관

• 물품 보관함
예문 서울역 주차장 입구 쪽에 물품 보관함이 있습니다.
확장 물품 보관소, 택배 보관함

• 보관하다
예문 개봉한 후에는 반드시 냉장 보관하셔야 합니다. 실온
  에 두시면 안 됩니다.
확장 냉동 보관, 식품 보관 방법

• 찾아보다
예문 인터넷을 찾아보면 대부분의 여행 정보를 찾을 수 있
  을 거예요.
확장 알아보다, 살펴보다

• 지키다
예문 내가 가방을 지키고 있을 테니까 빨리 갔다 와.
확장 짐을 지키다, 약속을 지키다

10. ④

듣기 대본

> 남자: 무엇을 도와드릴까요?
> 여자: 접촉 사고가 났는데 어떻게 해야 하나요?
> 남자: 우선 고객님의 성함과 사고가 난 위치를 말씀
>   해 주시면 보험 접수를 하겠습니다.
> 여자: 네. 잠시만요.

풀이

자동차 사고가 난 상황이다. 사고 접수를 하기 위해서 이
름과 사고가 난 위치를 알려 줄 것이다.

주요 표현

• 접촉 사고
예문 접촉 사고가 나서 길이 많이 막힌다.
확장 교통사고, 충돌 사고

• 우선
예문 우선 사무실에 가서 문의해 보고 결정하자.

• 보험

예문 한국은 의료보험이 있어서 의료비에 대한 부담이 크지 않다.

확장 의료보험, 생명보험

11. ②

듣기 대본

> 남자: 지금 밤 10시가 넘었는데 윗집에서 계속 쿵쿵거리네.
>
> 여자: 이건 아랫집에 대한 배려가 너무 없는 것 같아.
>
> 남자: 도저히 못 참겠어. 관리실에 가서 항의해야겠어.
>
> 여자: 아니야, 내가 직접 윗집에 올라가서 이야기해 볼게.

풀이

윗집의 층간 소음으로 힘든 상황이다. 남자와 달리 여자는 직접 윗집에 올라가서 해결하려고 한다.

주요 표현

• 쿵쿵거리다

예문 쿵쿵거리는 소리가 많이 들려요. 조금만 조심해 주시면 좋겠어요.

확장 쿵쿵대다, 쿵쿵 두드리다

• 배려

예문 여러 가지로 배려해 주셔서 직장 생활이 힘들지 않았습니다.

확장 배려하다, 노약자 배려

• 도저히

예문 요즘 아이들의 행동을 도저히 이해할 수 없을 때가 많습니다.

확장 절대로, 도대체

• 관리실

예문 택배는 아파트 관리실에 맡겨 주세요.

확장 관리비, 관리 사무소

12. ④

듣기 대본

> 여자: 적금 만기가 한 달밖에 남지 않았는데 왜 해약하세요?
>
> 남자: 갑자기 급하게 돈을 쓸 일이 생겨서요.
>
> 여자: 그럼 해약하지 마시고 회사에서 대출을 받는 건 어때요?
>
> 남자: 직원들이 대출을 받을 수 있는 조건이 뭐예요?

풀이

여자는 적금을 해약하려는 손님에게 대출을 받으라고 조언한다. 대출 조건을 알고 싶어 하는 손님에게 대출 조건에 대해서 알려 줄 것이다.

주요 표현

• 적금

예문 입사하자마자 적금을 들었더니 꽤 많은 돈이 모였다.

확장 적금을 들다, 적금을 타다

• 만기

예문 다음 달에 자동차 보험이 만기되어서 갱신해야 한다.

확장 10년 만기, 만기 연장

• 해약

예문 학원에 등록했다가 사정이 생겨서 등록을 해약했다.

확장 보험 해약, 해약금

• 대출

예문 은행에서 대출을 받아서라도 아파트를 사야 할지 고민이다.

확장 대출을 받다, 대출이자

유형 ❸ 전체 내용 이해하기

[유형 ❸ A]

◼ 화자의 중심 생각 파악하기

17. ②

듣기 대본

> 남자: 아무래도 체중을 관리하려면 유산소운동을 해야 할 것 같아. 그동안 근력운동만 했더니 체중이 별로 줄지 않았어.
>
> 여자: 근력운동과 유산소운동을 병행하면 어때?
>
> 남자: 한꺼번에 둘 다 하기는 어려울 테니까 우선 유산소운동으로 체중을 조절한 후에 근력운동을 할까 해.

풀이

남자는 근력운동보다 유산소운동을 하면 체중을 관리할 수 있다고 생각한다.

주요 표현

• 체중
예문 저는 여행을 하면 잘 먹어서 그런지 체중이 늘어요.
확장 체중계, 체중을 재다

• 관리
예문 후손들을 위해서 문화유산의 관리와 보존에 힘써야 한다.
확장 관리하다, 출입국관리사무소

• 근력운동
예문 근육 손실을 막기 위해서는 반드시 근력운동을 해야 한다.
확장 근력을 기르다, 근력이 세다

• 줄다
예문 뜨거운 물로 빨래를 했더니 옷이 줄었다.
확장 줄어들다, 인구가 줄다

• 병행
예문 병이 나으려면 병원 치료와 식이요법을 병행해야 한다.
확장 병행하다, 병행되다

• 조절
예문 세계 대회를 앞두고 선수들이 컨디션 조절에 신경을

쓰고 있다.
확장 조절하다, 온도 조절

18. ③

듣기 대본

> 남자: 직장에서는 될 수 있는 대로 빨리 분위기에 익숙해지는 게 중요해요. 그래야 일에 자신감도 생기고요.
>
> 여자: 저도 최선을 다하고 있는데 쉽지 않네요.
>
> 남자: 동료들하고는 어때요? 잘 어울리시죠?

풀이

남자는 직장의 분위기에 빨리 익숙해지는 것이 중요하다고 생각한다.

주요 표현

• 직장
예문 출퇴근하기가 힘들어서 직장 근처로 이사할 계획이다.
확장 직장을 구하다, 직업

• 익숙해지다
예문 처음에는 서툴러서 힘들었지만 이제는 익숙해져서 편해요.
확장 익숙하다, 서툴다

• 동료
예문 회사에서 동료들에게 사랑을 받는 사람이 되고 싶다.
확장 직장 동료, 동료애

• 어울리다
예문 성격이 밝아서 친구들과 잘 어울린다.
확장 함께 어울리다, 사귀다

19. ②

듣기 대본

> 여자: 어떤 사람을 뽑을지 생각해 보셨어요?
>
> 남자: 새로운 일을 시작해야 하니까 좀 활동적이고 적극적인 사람이 좋겠지요?
>
> 여자: 그렇지요. 그리고 팀원들을 이끌어야 하니까 경험이 많은 사람이 적당할 것 같아요.
>
> 남자: 경험이 좀 부족하더라도 도전하는 젊은 층을 뽑았으면 해요.

풀이

남자는 도전하는 젊은 층을 뽑았으면 좋겠다고 한다. 그리고 새로운 일을 시작하려면 활동적이고 적극적인 사람이 좋겠다고 한다.

주요 표현

• 뽑다
예문 필기시험을 통해서 신입사원을 뽑기로 했다.
확장 대표를 뽑다, 선발하다

• 적극적
예문 우리는 환경을 보호하는 일에 적극 동참해야 한다.
확장 적극적이다, 적극적으로

• 이끌다
예문 나는 우리 회사를 성공으로 이끄는 사람이 되고 싶다.
확장 끌다, 이끌리다

• 도전
예문 올림픽에 참가한 선수들은 신기록에 도전한다.
확장 도전하다, 도전적이다

• 젊다
예문 건강은 젊었을 때부터 지켜야 합니다.
확장 젊은이, 젊은 세대

20. ③

듣기 대본

여자: 많은 사람들의 목표가 성공과 출세라고 하는데 성공이란 뭘까요?
남자: 돈도 잘 벌고 남에게 인정을 받으면 그걸 성공이라고 하는 사람도 있습니다. 하지만 눈앞에 보이는 이익만 생각하고 남과 경쟁하다가 보면 정신적으로 문제가 생길 수 있습니다. 그건 진정한 의미에서 성공이라고 할 수 없습니다. 물질적인 면에서뿐만 아니라 정신적인 면에서도 부족함을 느끼지 않는 균형 잡힌 삶이라야 성공적인 삶이라고 할 수 있습니다.

풀이

남자는 물질적인 것과 정신적인 것이 균형을 이루어야 진정한 성공이라고 말한다.

주요 표현

• 성공
예문 유명인들이 자신들의 성공 비결을 책으로 펴냈다.
확장 성공하다, 성공적으로

• 출세
예문 출세하기 위해서 수단과 방법을 가리지 않는 사람도 있다.
확장 출세하다, 출세가 빠르다

• 인정
예문 모두가 국가대표 선수들의 노력을 인정했다.
확장 인정하다, 인정을 받다

• 경쟁
예문 요즘 인공지능 개발 분야에서 각국의 경쟁이 뜨겁다.
확장 경쟁하다, 경쟁자

• 물질
예문 물질의 풍요 속에서 사람들은 점점 소외감을 느낀다.
확장 물질적, 물질문명

21. ③

듣기 대본

남자: 그래, 어느 대학에 지원할지 결정했어?
여자: 대학은 정했는데 전공이 고민이에요. 취직을 생각하면 경영학이나 경제학을 전공하는 게 좋을 것 같은데 제 적성에는 안 맞을 것 같아요.
남자: 뭘 전공할지 정하고 나서 대학을 선택하는 게 낫지 않을까? 그리고 직업과 전공을 너무 관련 지으면 좋은 결정을 할 수 없을 거야. 우선은 뭘 배우고 싶은지 생각해 보는 게 좋을 것 같은데.
여자: 맞는 말씀이에요. 그런데 제 생각에 확신이 안 서요.

풀이

남자는 전공을 정하고 나서 대학을 선택하는 게 낫다고 생각한다.

주요 표현

• 고민
예문 졸업 후에 취직할지 대학원에 갈지 고민이에요.
확장 고민하다, 고민거리

• 적성
예문 적성을 무시하고 직업을 선택하면 틀림없이 후회할

것이다.

확장 적성을 고려하다, 적성에 맞다

• 관련

예문 최근 들어 인공지능 기술 관련 보도가 많이 나오고
있다.

확장 관련되다, 관련 서적

• 확신

예문 내가 잘 할 수 있을지 확신이 서지 않는다.

확장 확신하다, 확신을 가지다

23. ③

듣기 대본

> 남자: 안녕하세요? 개인정보 이용에 동의해 주신 고
> 객들을 대상으로 설문조사를 진행 중입니다.
> 잠깐 시간이 괜찮으시면 몇 가지 질문을 드리
> 겠습니다.
>
> 여자: 네, 말씀하세요.
>
> 남자: 저희 회사 가전제품을 사용 중이신데 불편한
> 점은 없으신지요?
>
> 여자: 다른 것은 괜찮은데 냉장고 소음이 좀 심해서
> 밤에는 신경에 거슬릴 때가 있어요.
>
> 남자: 불편하시겠습니다. 전문기사를 보내서 어떤 문
> 제가 있는지 점검을 해 드려도 될까요? 출장 비
> 용은 없습니다.

풀이

남자는 회사의 가전제품을 사용하고 있는 고객에게 전화
를 해서 문제가 있는지 알아보고 있다.

주요 표현

• 동의

예문 몇 살부터 부모의 동의 없이 결혼할 수 있어요?

확장 동의하다, 동의를 구하다

• 가전

예문 이 매장에서는 값이 싼 중소기업의 가전제품을 취급
한다.

확장 대형 가전제품, 전자제품

• 소음

예문 공사장에서 발생하는 소음 때문에 주민들이 불편을
겪고 있다.

확장 소음이 나다, 소음 공해

• 신경

예문 시험시간에 다리를 흔드는 친구의 행동이 신경에 거
슬린다.

확장 신경이 예민하다, 신경을 쓰다

• 점검

예문 인원점검을 하고 출발했다.

확장 점검하다, 시설점검

25. ②

듣기 대본

> 여자: 이번에 새로 출시된 라면이 선풍적인 인기를
> 끌고 있다고 합니다. 인기의 비결이 뭐라고 생
> 각하십니까?
>
> 남자: 생필품 가격의 인상으로 어려움을 겪는 국민들
> 을 위해서 가격 대비 영양이 풍부한 라면을 만
> 들어 보자는 것이 개발 방향이었습니다. 라면
> 한 그릇에 집밥 한 그릇의 영양을 담으려고 노
> 력했습니다. 또한 요즘은 해로운 물질에 민감
> 한 상황이어서 특수 재질의 용기를 사용했고
> 조리 시간도 3분에서 2분으로 단축했습니다.
> 이처럼 소비자들이 무엇을 원하는지 정확하게
> 파악한 것이 인기의 비결이라고 생각합니다.

풀이

남자는 소비자들이 무엇을 원하는지 알아야 신제품을 많
이 판매할 수 있다고 생각한다.

주요 표현

• 출시

예문 새로운 제품의 출시를 앞두고 개발팀은 긴장하고
있다.

확장 출시하다, 신제품 출시

• 선풍적

예문 새로 시작된 드라마가 아시아 시장에서 선풍적인 사
랑을 받고 있다.

확장 선풍적이다, 선풍적 인기

• 파악

예문 해결책을 찾으려면 현황 파악부터 해야 한다.

확장 파악하다, 파악되다

• 생필품

예문 생필품 가격을 비롯한 모든 물가가 오르기 시작했다.

- 해롭다

예문 담배가 건강에 해롭다는 것을 모르는 사람은 없다.

확장 해로운 물질, 해를 끼치다

- 민감

예문 남의 말에 민감하게 반응하면 더 스트레스를 받는다.

확장 민감하다, 민감성 피부

- 단축

예문 공사 기간을 단축하기 위해서 많은 인원을 투입했다.

확장 단축하다, 시간 단축

31. ④

듣기 대본

> 남자: **출퇴근 시간을 자율화하자는 직원들의 요구가** 있습니다. 자신의 개인 일정에 맞춰서 동료들과 시간을 조정하기 때문에 전체적인 업무에는 지장이 없을 듯합니다.
>
> 여자: 직원들의 상황을 배려하는 것은 좋지만 협업이 필요한 업무가 있을 경우에는 문제가 생길 것 같습니다.
>
> 남자: 시행 초기에는 혼란이 불가피하겠지만 점차 안정되리라고 생각합니다.
>
> 여자: 향후 발생할 수 있는 문제점을 예측해 보고 최선의 방법을 찾아야 한다고 생각합니다.

풀이

직원들이 출퇴근 시간을 자유롭게 결정해도 전체적인 업무에는 지장이 없을 것이라는 것이 남자의 생각이다.

주요 표현

- 자율화

예문 교복을 없애고 학생들이 알아서 복장을 선택할 수 있도록 자율화했다.

확장 자율화하다, 자율화되다

- 요구

예문 회사 측은 시간당 임금을 올려 달라는 노동자들의 요구를 들어주지 않았다.

확장 요구 사항, 요구 조건

- 조정

예문 행사가 연기되었으니까 준비 일정도 조정해야 합니다.

확장 조정하다, 구조 조정

- 지장

예문 공사로 인해 통행에 지장을 드려 죄송합니다.

확장 지장이 있다, 지장이 없다

- 배려

예문 어린이를 위한 특별한 배려와 관심이 필요합니다.

확장 배려하다, 임산부 배려석

- 혼란

예문 사춘기 때까지는 가치관이 확립되지 않아서 가치관의 혼란을 겪는다.

확장 혼란스럽다, 정치적 혼란

- 불가피하다

예문 전체의 이익을 위해서 일부 개인의 손해는 불가피합니다.

확장 불가피한 경쟁, 불가피성

37. ③

듣기 대본

> 남자: 연일 계속되는 폭염으로 고통을 호소하는 시민들이 늘고 있습니다.
>
> 여자: 네. 전례 없는 더위 속에서 전국이 펄펄 끓고 있습니다. 각 지역에서는 **더위를 피할 수 있는** 그늘막을 설치하고 거리에 물을 뿌리는 등 다양한 노력을 기울이고 있습니다. 하지만 무엇보다도 중요한 것은 공장을 멈추고 근로 시간을 줄이는 등 노동자들의 안전을 지키기 위한 노력이라고 생각합니다. 나아가 일정 기간 동안 조업을 중단하고 휴가 기간을 지정하는 것도 **피해를 최소화하는 방법**이라고 생각합니다. 또한 온열 질환에 노출되지 않도록 예방 교육을 철저히 하고 건강에 문제가 없는지 상담을 하는 것도 중요합니다.

풀이

여자는 폭염으로 인해 발생할 수 있는 여러 가지 피해를 줄일 수 있도록 노력해야 한다고 생각한다.

주요 표현

- 폭염

예문 장기간 이어지는 폭염으로 고통 받고 있는 사람이 많다.

- 호소

예문 자연재해로 어려움을 겪는 농민들의 호소에 귀를 기울여야 한다.

확장 호소하다, 호소력

- 전례

예문 법적인 판단에서는 전례가 제일 중요한 자료이다.

확장 전례가 없다, 전례를 남기다

- 노출

예문 좋건 싫건 자신의 감정을 노출하지 않아야 한다.

확장 노출되다, 노출증

- 예방

예문 병은 치료하는 것보다 병에 걸리지 않도록 예방하는 것이 중요하다.

확장 예방되다, 예방주사

- 지정하다

예문 한글날을 공휴일로 지정했다.

확장 지정되다, 문화재 지정

2 화자의 의도 파악하기

27. ②

듣기 대본

남자: 강력 범죄가 발생할 때마다 감시 카메라를 늘려야 한다는 얘기가 나오는 것 같아.

여자: 사실 감시 카메라가 많아지면서 범죄가 줄었다는 조사 결과가 많잖아. 나부터도 감시 카메라가 있는 곳에서는 조심하게 되거든.

남자: 하지만 그게 근본적인 대책은 될 수 없다고 생각해. 더구나 범죄 예방을 목적으로 설치한 감시 카메라가 시민들의 사생활을 심각하게 침해할 수도 있고.

여자: 맞아. 그렇지만 많은 인력을 동원하지 않고도 사람들을 안심시키는 효과는 있다고 생각해.

남자: 난 길을 걸을 때 카메라가 나를 따라다니는 것 같아서 기분이 섬뜩할 때가 있어.

풀이

남자는 감시 카메라가 시민들의 사생활을 침해할 수 있다고 생각한다.

주요 표현

- 범죄

예문 정부는 흉악 범죄의 재발을 방지하기 위해서 노력하겠다고 밝혔다.

확장 범죄자, 범죄를 저지르다

- 감시

예문 범죄 용의자가 경찰의 감시를 피해서 도망갔다.

확장 감시하다, 감시를 당하다

- 대책

예문 정부가 태풍 피해에 대한 대책을 마련하기 위해서 고심하고 있다.

확장 대책을 세우다, 대책이 서다

- 설치하다

예문 창문형 에어컨은 설치가 간편하다.

확장 설치되다, 프로그램 설치

- 침해하다

예문 최근에는 동물권 침해가 이슈가 되고 있다.

확장 침해되다, 사생활 침해

- 동원하다

예문 기업들은 불황을 극복하기 위해서 모든 방법을 동원하고 있다.

확장 동원되다, 인력 동원

35. ②

듣기 대본

남자: 생태체험마을에 보내 주신 여러분의 지속적인 성원에 감사드립니다. 저희 생태체험마을은 숲이 우리에게 내어 주는 싱그러운 향기를 맡으며 산책을 하고 아름다운 생태와 문화를 체험할 수 있는 곳입니다. 자연과 함께 어울리며 교감하는 곤충학교, 나무가 놀이기구가 되는 나무나라 등 오감 맞춤 생태체험프로그램이 여러분을 기다리고 있습니다. 자연을 가까이에서 느낄 수 있는 체험프로그램에 여러분을 초대합니다. 생태체험마을에서 제공하는 모든 프로그램은 예약제로 시행되기 때문에 지정된 일자까지 미리 신청하셔야 참가하실 수 있습니다.

풀이

남자는 체험프로그램에 참가하면 좋은 경험을 할 수 있다고 권유하고 있다.

- 체험

예문 다양한 체험을 위한 박물관, 공연장 등이 늘고 있다.

확장 체험하다, 체험학습

- 제공하다

예문 선거 기간에는 금품과 향응 제공이 금지되어 있다.

확장 제공되다, 숙식 제공

- 시행되다

예문 아무리 좋은 법이라고 해도 시행되지 않으면 소용이 없다.

확장 시행하다, 시행사

- 지정

예문 조선시대의 궁궐터가 문화재로 지정되었다.

확장 지정하다, 지정석

- 참가하다

예문 올림픽에 참가하는 선수들이 입장할 때 관중들이 박수를 쳤다.

확장 참석하다, 참여하다

46. ④

듣기 대본

> 여자: 기업과 고객 간의 정보 불균형이 관심사로 대두되면서 관련 서적들도 봇물처럼 쏟아져 나오고 있습니다. 기업은 공급하는 상품이나 서비스에 대해서 고객보다 더 많이 알고 있기 때문에 고객에 비해서 정보상 우위에 있죠. 반면 고객은 그 상품이나 서비스가 왜 자신에게 필요한지 결정하는 정보를 가지고 있습니다. 이러한 정보 비대칭의 문제는 비단 기업 경영에만 존재하는 것은 아닙니다. 부모와 자식, 학생과 선생, 고용주와 고용인, 의사와 환자 간에도 갖고 있는 정보에 차이가 있습니다. 이러한 **정보 비대칭의 상태는 정보의 소통으로 해소될 수 있는데 가장 효과적인 방법은 대화입니다.** 자신이 갖고 있는 정보를 제공하고 상대의 정보를 수용하면서 정보의 불균형으로 인한 갈등과 피해를 최소화할 수 있다는 것입니다.

풀이

여자는 대화를 통해서 정보 불균형을 해결할 수 있다고 말하고 있다.

- 불균형

예문 도시와 농촌의 경제적 불균형을 해결하기 위한 방안을 모색하고 있다.

확장 불균형하다, 균형이 맞다

- 대두

예문 20대가 국내 소비를 이끄는 중심 세력으로 대두되고 있다.

확장 대두되다, 나타나다

- 우위

예문 기술적 우위에 있는 국가들이 세계시장을 독점하고 있다.

확장 우위에 서다, 우위를 차지하다

- 존재

예문 신의 존재를 인정하지 않는 사람들도 있다.

확장 존재하다, 존재감

- 해소

예문 규칙적인 운동이 스트레스 해소에 도움이 된다고 한다.

확장 해소하다, 갈등 해소

- 수용

예문 회사 측의 제안에 대한 수용 여부는 내일 결정이 날 것이다.

확장 수용하다, 받아들이다

3 화자의 신분 파악하기

29. ②

듣기 대본

> 여자: 요즘은 에어컨을 사용하지 않는 가정이 별로 없을 것 같습니다. 그런데 이 에어컨이 각종 세균과 곰팡이가 증식하기 쉽다면서요?
>
> 남자: 네, 맞습니다. 에어컨을 정기적으로 청소하지 않을 경우 에어컨 내부에 있던 각종 세균이 시원한 공기와 함께 밖으로 나와 호흡기 질환을 유발시키는 원인이 됩니다.
>
> 여자: 가정에서 직접 에어컨을 청소해도 문제가 없지 않을까요?
>
> 남자: 간단한 필터 세척 정도는 가정에서 직접 할 수 있습니다. 그러나 눈에 보이지 않는 오염까지 완벽하게 제거하려면 저희 업체와 같은 전문 업체에 맡기는 것이 좋습니다.

풀이

남자는 에어컨 청소 업체 직원이다.

주요 표현

• 세균
예문 손을 자주 씻는 것만으로도 세균을 제거할 수 있다.
확장 세균 검출, 세균 감염

• 곰팡이
예문 음식을 실온에 그냥 두면 곰팡이가 생기니까 꼭 냉장 보관해 주세요.
확장 곰팡이가 피다, 곰팡이 제거 방법

• 호흡기 질환
예문 환절기에는 폐렴과 같은 호흡기 질환에 걸릴 위험이 크니까 특히 노약자들의 주의가 필요하다.
확장 심혈관 질환, 기저 질환자

• 유발
예문 학습자들에게 학습 동기를 유발시킬 수 있는 좋은 방법이 있을까요?
확장 유발하다, 동기 유발

• 오염
예문 오염된 물을 식수로 사용하면 각종 질병을 일으키는 원인이 된다.
확장 환경오염, 수질 오염

• 제거
예문 새로 출시된 공기청정기는 미세먼지까지 완벽하게 제거합니다.
확장 제거되다, 냄새 제거

4 화자의 태도 파악하기

32. ②

듣기 대본

> 남자: 이번 신입사원은 비정규직으로 채용했으면 합니다. 한시적으로 업무를 진행해 보고 이후에도 업무가 유지되어야 한다고 판단되면 그때 정규직을 채용해도 늦지 않습니다.
>
> 여자: 비정규직으로 채용하면 회사의 부담은 적겠지만 업무의 특성상 어려움이 예상됩니다. 타 부서와 긴밀히 협력해야 하는 상황에서 단기간 근로자가 효과적으로 일을 수행할 수 있을까요?
>
> 남자: 단기간 근로자라도 정규직에 준하는 우수한 인재를 뽑는다면 업무 진행에 문제가 없을 거라고 생각합니다.
>
> 여자: 비정규직에 대한 선입견이나 다른 구성원들과의 관계 등을 고려할 때 신중하게 접근해야 한다고 생각합니다.

풀이

남자는 여자의 의견에 동의하지 않지만 강하게 반박하지도 않는다. 남자는 비정규직 채용에 대한 자신의 의견을 계속해서 주장하고 있다.

주요 표현

• 채용
예문 올해 대기업의 채용 인원과 채용 방법이 발표되었다.
확장 채용하다, 채용박람회

• 한시적
예문 청년을 위한 무이자 대출은 내년까지만 한시적으로 운용된다.
확장 한시적이다, 한시적 근로자

• 수행
예문 직무 수행 능력이 뛰어난 사원이 승진을 할 수 있다.
확장 수행하다, 업무 수행

- 우수하다
[예문] 성적이 우수한 사람에게 장학금을 준다.
[확장] 품질이 우수하다, 우수성

- 고려
[예문] 행사를 어떤 식으로 진행할지 아직 고려 중이다.
[확장] 고려하다, 특별한 사정을 고려하다

- 신중
[예문] 약의 부작용이 예상되기 때문에 복용에 신중을 기해야 한다.
[확장] 신중하다, 신중히

48. ①

듣기 대본

> 여자: 여성가족부에서 출산율 증가를 위해서 부모급여를 신설하겠다고 발표했는데요. 이번에는 실효성이 있는 정책이 될지 궁금합니다.
> 남자: 출산을 장려하기 위한 정책적인 노력이 오랜 기간 지속되었음에도 불구하고 개선되지 않는 상황을 감안한다면 **이번 정책도 효과성이 의심됩니다.** 출산을 결정하는 데 영향을 주는 요인은 아주 다양합니다. 그러므로 단편적인 정책이 아니라 임신과 출산 지원, 신생아 의료 지원, 보육 비용 지원, 일과 가정의 양립 지원 등 종합적인 지원 방안이 마련되어야 합니다.

풀이

남자는 이번 정책의 효과성을 의심하고 있다. 이번 정책이 효과가 있을 것으로 믿지 않는다.

주요 표현

- 신설
[예문] 주거 지역에 초등학교 신설을 계획하고 있다.
[확장] 신설하다, 신설 학과

- 실효성
[예문] 정책의 실효성 여부를 놓고 여야가 대립하고 있다.
[확장] 실효를 거두다, 실효성이 적다

- 장려
[예문] 최근 많은 나라에서 출산 장려 정책을 펴고 있다.
[확장] 장려하다, 장려금

- 지속
[예문] 약효의 지속 시간은 6시간이다.
[확장] 지속되다, 지속적

- 개선
[예문] 두 나라는 대립을 멈추고 관계 개선을 위해서 노력하기로 했다.
[확장] 개선하다, 개선책

- 감안하다
[예문] 동료들의 평가와 업무 실적을 감안해서 승진을 결정한다.
[확장] 경력을 감안하다, 능력이 감안되다

50. ③

듣기 대본

> 남자: 인터넷을 기반으로 하는 동영상 플랫폼들이 이제는 기존의 방송보다 더 친숙한 매체가 되었는데요. 1인 미디어의 등장은 양적으로, 질적으로 놀랄 만한 정보를 우리에게 제공한다는 점에서 큰 의미가 있다고 봅니다. 1인 미디어만의 자유로운 형식과 내용으로 다양한 이용자들의 요구에 맞춰 대응할 수 있다는 이점도 있지요. **하지만 이를 규제하는 방식이 기존의 방송보다 느슨한 것이 사실입니다.** 새로운 정보를 알리고 여론을 환기시킴으로써 사회적 논의를 이끌어 내는 면에서는 긍정적으로 평가될 수 있습니다. 하지만 특정 집단의 이권을 위해서 가짜 뉴스를 만든다거나 타인의 명예를 훼손하는 등 사회적 혼란과 피해를 초래하는 문제까지 **관대하게 보아 넘겨서는 안 됩니다.**

풀이

1인 미디어가 특정 집단의 이권을 위해서 가짜 뉴스를 만들거나 타인의 명예를 훼손하는 등의 문제에 대해서 이야기하고 있다. 이러한 문제를 줄이기 위해서 법으로 1인 미디어를 제한해야 한다는 의견을 말하고 있다.

주요 표현

- 대응
[예문] 피해를 줄이기 위해서는 신속한 대응이 필요하다.
[확장] 대응하다, 법적 대응

- 느슨하다
[예문] 안전띠를 느슨하게 매면 위험할 때 도움이 안 된다.
[확장] 헐겁다, 꽉 끼다

- 환기
[예문] 관객들의 흥미를 환기시키기 위해서 조명을 껐다.

[확장] 환기하다, 실내 환기

• 이권
[예문] 모든 단체들은 공익보다 자신들의 이권을 앞세운다.
[확장] 이익, 권리

• 훼손
[예문] 타인에 대한 명예 훼손은 법적 처벌을 받는다.
[확장] 훼손되다, 문화재 훼손

• 초래하다
[예문] 작은 부주의가 사업의 실패를 초래했다.
[확장] 초래되다, 불러오다

5 주제 파악하기

33. ③

[듣기 대본]

> 여자: 현대는 온갖 정보가 범람하는 그야말로 정보화 시대입니다. 물질이나 에너지보다 정보가 더 큰 가치를 가지게 된 사회이죠. 하지만 사생활이 침해되고 개인정보가 유출되면서 많은 피해가 발생하기도 합니다. 문제는 수많은 정보 중에서 우리가 이용할 만한 것은 무엇이며 이것을 어떻게 유효적절하게 활용하느냐 하는 것입니다. 여기에는 정보의 생산이나 소비에 대한 도덕적 책임이 바탕이 되어야 합니다. 개인 차원에서는 정보를 올바른 방법으로 취사 선택하고 정부 차원에서는 정보화의 역기능을 해결하기 위해서 노력해야 합니다.

[풀이]

여자는 정보화 시대의 문제를 해결하기 위해서 도덕적 책임이 필요하다고 한다.

[주요 표현]

• 범람
[예문] 비속어의 범람으로 우리의 언어생활이 위협을 받고 있다.
[확장] 범람하다, 넘치다

• 축적
[예문] 자본주의는 부의 축적과 이윤의 추구를 기본으로 한다.
[확장] 축적하다, 축적되다

• 유출
[예문] 각 학교는 시험지의 유출을 막기 위해서 경계를 강화했다.
[확장] 정보 유출, 기술 유출

• 유효적절하다
[예문] 적은 인력이지만 유효적절하게 활용한다면 큰 문제는 없을 것이다.
[확장] 유효하다, 적절하다

• 도덕
[예문] 도덕에 어긋한 행동은 비난을 받아야 한다.
[확장] 도덕적이다, 도덕관

• 차원
[예문] 북한 어린이 돕기는 인도적 차원에서 이루어진 활동이다.
[확장] 차원이 낮다, 차원이 다르다

41. ②

[듣기 대본]

> 여자: 지금까지의 치료제는 정상 세포에 비해서 빠르게 증식하는 암세포를 직접 공격해서 항암 효과를 나타내는 것이었습니다. 이러한 방법은 암세포 이외의 정상 세포까지 공격해서 탈모, 구토 등 여러 가지 부작용을 낳았습니다. 이를 보완하는 것이 표적 치료제입니다. 암세포는 세포가 비정상적으로 변화하는 과정에서 만들어지는데 이때 특정 물질이 나옵니다. 표적 치료제는 이러한 물질에만 반응하는 것이죠. 즉 암세포가 증식할 때 생기는 생체 물질의 활동을 억제해서 암세포의 증식을 막는 것이 표적 항암제의 원리라고 하겠습니다.

[풀이]

여자는 표적 치료제는 암세포가 증식할 때 생기는 물질에 반응해서 암세포로 변하는 것을 방해하는 치료제라고 설명하고 있다.

[주요 표현]

• 증식
[예문] 인공적으로 세포를 증식해서 연구에 활용한다.
[확장] 증식되다, 증식 속도

- 항암

예문 인삼에는 항암 성분이 다량 함유되어 있다.

확장 항암제, 항암 치료

- 보완

예문 정부는 연금제도의 단점을 설명하고 보완이 필요하다고 밝혔다.

확장 보완하다, 보완 대책

- 표적

예문 그는 움직이는 표적도 정확하게 맞힐 수 있다.

확장 표적을 겨냥하다, 표적으로 삼다

- 억제

예문 운동은 어느 정도 식욕 억제 효과가 있다.

확장 억제하다, 억제력

- 원리

예문 액체가 기체로 변화할 때 열을 흡수해서 온도를 낮추는 것이 냉장고의 원리이다.

확장 원리를 발견하다, 원리 원칙

43. ②

듣기 대본

> 남자: 열대우림 지역 곳곳에서 어렵지 않게 볼 수 있는 것이 맹그로브 나무이다. 맹그로브는 독특하게 뿌리가 거꾸로 치솟아 물 밖으로 튀어나와서 호흡하는데 이는 산소를 흡수해서 나무 전체에 공급하는 역할을 한다. 맹그로브 나무의 많은 뿌리는 물의 흐름을 막아서 수중 생물들이 살아갈 공간을 제공하고 파도에 의한 토양의 유실을 막아서 해안의 육지가 침식되어 소멸되어 가는 것을 막는다. 하지만 인간이 경제적 목적으로 매립지를 만들면서 맹그로브 숲의 면적이 눈에 띄게 줄어들고 있어서 지역주민들과 환경단체들이 발 벗고 나섰다. 맹그로브의 어린 나무를 인공으로 배양해서 해안가에 심는 것이다. 배를 타고 다니며 어린 나무가 뿌리를 내리도록 숲속 이곳저곳에 던져 둔다.

풀이

남자는 맹그로브 숲을 보존하려는 지역주민들과 환경단체의 노력에 대해서 이야기하고 있다.

주요 표현

- 독특하다

예문 깻잎은 독특한 맛과 향을 지니고 있다.

확장 특별하다, 특이하다

- 치솟다

예문 지금까지 당한 일을 생각하니 화가 머리끝까지 치솟았다.

확장 하늘로 치솟다, 솟다

- 흡수

예문 적당한 운동은 음식물의 소화와 영양분의 흡수를 돕는다.

확장 흡수하다, 흡수되다

- 공급

예문 일시적으로 전기 공급을 중단했다.

확장 공급하다, 공급과잉

- 유실

예문 전쟁으로 인해 많은 문화재가 유실되었다.

확장 유실물, 분실

- 침식

예문 바위에 새겨진 그림은 비바람에 침식되어 본래의 모습을 볼 수 없다.

확장 침식 지형, 침식 작용

- 소멸

예문 소중한 문화유산이 소멸되어 가는 것을 지켜보기만 해서는 안 된다.

확장 소멸하다, 소멸시효

- 배양

예문 치매를 유발하는 세포의 배양에 성공했다.

확장 배양하다, 미생물 배양 실험

6 이전의 대화 내용 찾기

39. ②

듣기 대본

> 여자: 스마트폰이나 인터넷 없이 며칠만 살아 보면 대다수가 느끼고 공감할 만한 상황인 것 같습니다. 이처럼 스마트폰 중독으로 다양한 문제가 발생하고 있는데 그렇다면 개선책으로는 어떤 방법들이 있을까요?
>
> 남자: 그건 말할 것도 없이 스마트폰의 사용을 줄이는 것이지요. 처음에는 휴대폰을 사용하지 않는 동안 뭘 해야 할지 몰라서 안절부절못하며 불안해하기도 하고 시간이 멈춰 버린 것처럼 지루하게 느껴지기도 할 것입니다. 하지만 스마트폰을 만지작거리는 시간을 줄이고 운동이나 독서 등 다른 방법으로 휴식을 취하는 습관을 형성해 나가게 되면 점차 금단 현상이 줄어들 것입니다. 건강한 생활을 하려면 스스로의 생활을 통제할 수 있어야 합니다.

풀이

이 대화 이전에 두 사람은 스마트폰 중독 때문에 발생하고 있는 현상에 대해서 이야기했다.

주요 표현

• 공감
[예문] 일반인을 내세운 광고가 소비자들의 공감을 얻는다.
[확장] 공감하다, 공감이 가다

• 개선책
[예문] 휴직 제도의 문제점을 파악하고 개선책을 논의 중이다.
[확장] 개선하다, 개선되다

• 안절부절못하다
[예문] 아이의 수술이 끝나기를 기다리며 부모는 안절부절못했다.
[확장] 안절부절, 어찌할 바를 모르다

• 취하다
[예문] 충분한 휴식을 취하면 일의 능률이 오른다.
[확장] 숙면을 취하다, 이득을 취하다

• 형성
[예문] 부모의 행동이 아이의 인격 형성에 큰 영향을 미친다.
[확장] 형성하다, 형성되다

• 통제
[예문] 사건이 해결될 때까지 모든 사람의 출입을 통제하기로 했다.
[확장] 교통 통제, 통제구역

[유형 ❸ B]

🔳 화자의 중심 생각 파악하기

17. ③

주 듣기 대본

> 남자: 발표 순서를 어떻게 정하면 좋을까? 지난번엔 가나다순이었는데.
> 여자: 사실 누가 먼저 하는지에 대해서 아무도 관심이 없는 것 같아. 나도 아무 순서나 괜찮거든.
> 남자: 그럼 이번에는 **제비뽑기를 해 볼까?** 재미있기도 하고 **자신이 선택한 순서니까 불만도 없을** 거야.

주 풀이

남자는 제비뽑기를 해서 순서를 정하면 각자 스스로 뽑았기 때문에 문제가 없을 거라고 생각한다.

주 주요 표현

• 발표
예문 정부의 발표에 의하면 최근 실업자 수가 증가하고 있다고 한다.
확장 발표자, 발표하다

• 순서
예문 도착하는 순서대로 자리에 앉으시면 됩니다.
확장 순서를 지키다, 순서를 바꾸다

• 정하다
예문 룸메이트와 잘 지내기 위해서 지켜야 할 규칙을 정했다.
확장 법을 정하다, 역할을 정하다

• 아무도
예문 수업이 끝나서 그런지 교실에 아무도 없었다.
확장 아무것도, 아무 데도

• 자신
예문 친구는 누구의 도움도 없이 자신의 실력으로 성공했다.
확장 자신만만하다, 자신하다

• 불만
예문 불만이 쌓이기 전에 같이 이야기해야 한다.
확장 불만이 있다, 불만스럽다

18. ④

주 듣기 대본

> 남자: 다음 달에 혼자 유럽 여행 떠난다면서? 일정은 다 정했어?
> 여자: 난 여행 갈 때 별 계획 없이 좀 자유롭게 다니는 편이야. 그게 편하거든.
> 남자: 그래도 **여행 계획을 세워야 시간을 낭비하지 않고 효율적으로 쓸 수 있지 않을까?**

주 풀이

남자는 여행을 갈 때 계획을 세워야 시간을 낭비하지 않고 효율적으로 쓸 수 있어서 좋다고 생각한다.

주 주요 표현

• 일정
예문 드라마 촬영 일정이 빡빡해서 밤에도 촬영을 강행해야 한다.
확장 일정표, 일정 관리

• 자유롭다
예문 독립해서 살면 불편한 것도 있지만 자유롭게 생활할 수 있어서 좋다.
확장 자유로운 생활, 자유롭게 입다

• 세우다
예문 계획을 세우는 것도 중요하지만 지키는 것도 중요하다.
확장 계획을 세우다, 건물을 세우다

• 낭비하다
예문 물 부족이 심각한 상황인데 아껴 쓰지 않고 낭비하는 사람이 많다.
확장 에너지 낭비, 예산 낭비

• 효율
예문 어떻게 하면 에너지 효율을 높일 수 있을까요?
확장 효율적, 업무 효율

19. ②

듣기 대본

여자: 요즘 젊은 회사원들이 퇴근 후에나 주말에 부업을 하는 사람들이 많대.

남자: 회사 일에 지장을 주지 않는다면 수입도 올릴 수 있고 해 볼 만하지.

여자: 나도 해 보고 싶긴 한데 주어진 회사 업무만으로도 힘들어.

남자: 가볍게 시작해 볼 수 있는 부업도 많으니까 알아봐.

풀이

남자는 회사 업무에 지장을 주지 않는다면 수익을 얻을 수 있으니까 부업을 하는 게 좋다고 생각한다.

주요 표현

• 부업

예문 경제가 어려워지면서 부업에 관심을 갖는 직장인들이 많아졌다.

확장 부업을 하다, 부업을 뛰다

• 지장

예문 아르바이트도 중요하지만 학업에 지장을 주면 안 되지요.

확장 지장을 주다, 지장 없다

• 수입

예문 매달 들어오는 수입은 그대로인데 지출이 늘어서 생활이 힘들다.

확장 수입이 늘다, 수입이 줄다

• 업무

예문 입사한 지 얼마 되지 않아서 아직 회사 업무를 정확하게 파악하지 못했다.

확장 업무 협약, 업무 담당자

20. ②

듣기 대본

여자: 이곳에 인공 섬을 만들게 된 계기가 무엇입니까?

남자: 이곳은 예전부터 겨울 철새들이 모여드는 곳이었어요. 그런데 무분별한 개발 사업으로 인해 철새들의 서식지가 다 파괴되었지요. 철새들을 보호하기 위해서 주민들과 힘을 모아 인공 섬을 만들었습니다. 우리가 노력한다면 인간과 동물이 공존할 수 있다는 것을 보여 준 사례라고 생각합니다.

풀이

남자는 동물과 공존해서 인공 섬을 만든 것처럼 인간과 동물이 공존하는 세상을 만들 수 있다고 생각한다.

주요 표현

• 철새

예문 먹이가 풍부한 곳을 찾아 철새들은 이동을 한다.

확장 철새 도래지, 철새 이동 경로

• 서식지

예문 산업 개발의 영향으로 야생 동물들의 서식지가 많이 사라지고 있다.

확장 서식지 파괴, 서식지 보호

• 무분별하다

예문 영양제를 무분별하게 먹으면 오히려 독이 될 수도 있다.

확장 분별하다, 무분별하게

• 파괴

예문 전쟁으로 도시의 건물들이 많이 파괴되었다.

확장 파괴하다, 파괴력

• 공존

예문 전통과 현대 문화가 공존할 수 있는 방법을 없을까요?

확장 공존하다, 인간과 자연의 공존

• 사례

예문 정부는 에너지 절약에 대한 우수 사례를 발표했다.

확장 성공 사례, 사례 분석

21. ①

듣기 대본

여자: 쓰레기 처리 문제가 심각한 거 같아요. 현대 사회에서 쓰레기를 아예 없앨 수는 없겠지만 줄일 수는 있지 않을까요?

남자: 맞아요. **쓰레기를 정확하게 분리해서 버리기만 해도 쓰레기 양을 줄일 수 있다고 해요.** 모든 가정에서 일반쓰레기와 재활용되는 쓰레기를 잘 분류해서 버리는 게 중요해요.

여자: 각 가정에서 쓰레기 배출 방법에 대해서 좀 더 주의를 기울여야겠네요.

남자: 조금만 주의해도 큰 효과를 얻을 수 있을 거예요.

풀이

남자는 쓰레기를 잘 분류해서 버리면 쓰레기 양을 줄일 수 있다고 생각한다.

주요 표현

• 쓰레기
예문 음식물 쓰레기는 노란색 음식물 쓰레기 전용 봉투에 넣어서 버려야 합니다.
확장 쓰레기통, 생활 쓰레기

• 처리
예문 벽에 방수 처리가 잘 되지 않아서 비가 오면 물이 샌다.
확장 사고 처리, 업무 처리

• 분리
예문 일하는 공간과 휴식 공간은 분리하는 게 좋습니다.
확장 분리수거, 분리 배출

• 재활용
예문 버려진 플라스틱을 재활용해서 만든 가방이 인기를 끌고 있다.
확장 재활용하다, 재활용품

• 분류
예문 많은 책을 영역별로 분류하면 찾아보기 쉽다.
확장 분류 기준, 분류 방법

• 배출
예문 재활용 쓰레기 배출하는 요일을 정해서 실시하는 아파트 단지가 많다.
확장 탄소 배출, 배출 가스

23. ②

듣기 대본

남자: 여보세요? 면접용 **정장을 무료로 대여해 주는 서비스**를 이용하고 싶은데요. 조건이 어떻게 되나요?

여자: 서울에 거주하는 청년 구직자는 누구나 이용할 수 있습니다. 홈페이지에서 방문 시간을 예약하신 후에 신분증을 지참하시고 매장을 방문해 주시면 됩니다.

남자: 대여 기간과 대여 물품은 무엇입니까?

여자: 무료 대여 기간은 3박 4일이고 그 이후에는 하루에 만 원씩 연체료를 내야 합니다. 대여 물품은 정장과 넥타이, 구두입니다.

풀이

남자는 면접용 정장을 무료로 대여해 주는 서비스를 이용하려고 이용 방법과 대여 기간, 대여 물품 등에 대해서 문의하고 있다.

주요 표현

• 대여
예문 경복궁 앞에 한복을 대여해 주는 가게가 많다.
확장 대여하다, 대여점

• 거주
예문 국민은 모두 거주의 자유가 있다.
확장 거주지, 거주자

• 구직
예문 요즘 경제 상황이 좋지 않아서 그런지 구직을 포기한 젊은이들이 많다.
확장 구직하다, 구직 광고

• 지참
예문 오후 6시까지 신분증과 도장을 지참하시고 오시기 바랍니다.
확장 지참하다, 필기도구 지참

• 연체료
예문 대출 기간이 지났는데도 반납하지 않으면 연체료를 지불해야 한다.
확장 연체하다, 연체되다

25. ③

듣기 대본

> 여자: 요즘 많은 분들이 인터넷을 이용해 해외에서 직접 물건을 구매하는 해외 직구를 합니다. 해외 직구를 할 때 주의해야 할 점이 있을까요?
>
> 남자: 해외 직구를 할 때 면세 한도를 초과하는 경우에는 관세를 납부하셔야 합니다. 또한 해외 직구를 하려는 물품이 수입 허가 대상 품목인지 확인하시기 바랍니다. 해외 직구를 선호하는 가장 큰 이유가 경제적인 부분입니다만 물건에 문제가 생겼을 때 환불이나 반품, 수리 등의 절차가 복잡한 경우가 많습니다. 판매 가격의 차이만으로 해외 직구를 선택하지 마시고 환불이나 반품 등의 조건을 꼭 확인하신 후에 구매를 결정하시는 것이 좋습니다.

풀이

남자는 해외 직구를 할 때는 가격뿐만 아니라 환불이나 반품 조건 등을 알아보는 것이 좋다고 생각한다.

주요 표현

• 해외 직구

예문 해외 직구 이용자들 중 약 10%가 피해를 본 경험이 있는 것으로 나타났다.

확장 해외 직구 물량, 해외 직구 피해

• 면세

예문 면세 한도를 늘려야 한다는 의견이 많다.

확장 면세점, 면세 한도, 면세품

• 한도

예문 카드 이용 한도가 초과되어 결제가 되지 않습니다.

확장 구매 한도, 대출 한도

• 초과

예문 방부제가 기준치를 초과하면 판매 중단됩니다.

확장 시간 초과, 초과 근무

• 관세

예문 두 나라는 자유무역협정을 체결하여 관세를 완화하기로 결정했다.

확장 관세청, 관세율

• 납부

예문 등록금을 다음 주까지 납부해야 합니다.

확장 세금 납부, 관리비 납부

31. ③

듣기 대본

> 여자: 올해의 최저임금이 발표됐는데 기대에 미치지 못해서 실망스러워요.
>
> 남자: 근로자들 입장에서는 임금을 최대한으로 올려야 한다고 생각하겠지만 경영자들 입장에서는 임금 인상이 부담스러울 수밖에 없지요.
>
> 여자: 그래도 지난번 협의에서 약속한 액수까지는 올려야 하는 거 아닐까요?
>
> 남자: 예상보다 국내의 경영 환경이 악화되고 있어서 정부가 근로자들을 설득했대요. 기업이 있어야 근로자도 있으니 노사가 함께 살 수 있는 방법을 찾아야지요.

풀이

노동자와 회사가 함께 살 수 있는 방법을 찾아야 한다는 것이 남자의 생각이다.

주요 표현

• 임금

예문 물가는 계속 오르는데 임금은 제자리걸음이어서 생활이 어렵다.

확장 임금 격차, 임금 근로자

• 기대에 미치다

예문 성적이 기대에 미치지 못해서 장학금 신청을 포기했다.

확장 기대하다, 기대감

• 입장

예문 대학들은 학생 정원 축소에 반대한다는 입장이다.

확장 입장을 밝히다, 입장 표명

• 인상

예문 교통비를 비롯한 공공요금이 줄줄이 인상될 예정이다.

확장 물가 인상, 임금 인상

• 악화하다

예문 무역 불균형 문제가 생기면서 양국 관계가 다시 악화할 것으로 보인다.

확장 무역 수지 악화, 악화되다

• 설득하다

예문 유학을 반대하시는 아버지를 어떻게 설득해야 할지 모르겠다.

확장 설득력, 설득되다

37. ③

듣기 대본

> 남자: 예전 부모 세대들이 즐겼던 음악이나 패션이 다시 유행하고 있다고 합니다. 옛날 과자나 놀이 등도 젊은이들 사이에서 화제입니다.
>
> 여자: 네, 복고주의를 지향하는 하나의 사회 현상이라고 하겠습니다. 이러한 현상은 음악과 패션, 디자인 등에서 등장하기 시작한 현상으로 옛것을 현대인들의 감각에 맞게 재해석하는 것이죠. 복고라고 해서 과거의 것을 그대로 모방하는 것이 아니라 당시의 감성과 분위기를 **현대에 맞춰서 새롭게 살린다면 부모 세대와 젊은 세대가 충분히 함께 즐길 수 있습니다.**

풀이

여자는 과거에 유행했던 음악이나 패션 등을 그대로 모방하는 것이 아니라 현대에 맞춰서 새롭게 살린다면 모든 세대가 함께 즐길 수 있다고 생각한다.

주요 표현

• 즐기다
[예문] 최근에는 등산을 즐기는 젊은이들이 많다.
[확장] 인생을 즐기다, 즐겁다

• 화제
[예문] 요즘 유명인들의 사생활을 그대로 보여 주는 프로그램이 화제이다.
[확장] 화제의 주인공, 화젯거리

• 복고
[예문] 사회의 빠른 변화에 적응하는 대신 복고적인 것을 추구하는 사람들이 생겼다.
[확장] 복고풍, 복고적이다

• 현상
[예문] 오로라는 신비로운 자연 현상 중의 하나이다.
[확장] 노화 현상, 사회 현상

• 등장
[예문] 1인 가구가 늘면서 소형제품이 등장하기 시작했다.
[확장] 등장인물, 퇴장

• 재해석
[예문] 조선의 역사를 재해석한 드라마가 인기를 끌고 있다.
[확장] 재해석하다, 재해석되다

• 모방
[예문] 예술 분야에서 남의 작품을 모방하는 것은 금지이다.

[확장] 모방하다, 모조품

② 화자의 의도 파악하기

27. ②

듣기 대본

> 남자: 아무리 복장 자율화라고 해도 짧은 반바지를 입고 출근하는 것은 아닌 것 같아. 회사 복장에 대한 지침이 있어야 할 것 같아.
>
> 여자: 맞아. 요즘은 개인의 개성 표현을 너무 중요하게 생각하는 경향이 있지.
>
> 남자: 복장과 업무는 관계가 없다고 하는 직원들도 많지만 **때와 장소에 맞는 복장이 필요하다고 생각해.** 나는 복장도 근무의 연장이라고 생각하거든.
>
> 여자: 개인의 자유를 너무 제한하지 않는 범위 내에서 복장에 대한 직원들의 합의가 필요할 거 같네.

풀이

남자는 회사 복장에 대한 지침이 필요하다고 주장한다.

주요 표현

• 복장
[예문] 오늘은 많이 걸을 예정이니까 가벼운 복장으로 오세요.
[확장] 복장 자율화, 장례식 복장

• 자율화
[예문] 요즘 많은 회사들이 출퇴근 시간 자율화를 실시하고 있다.
[확장] 등록금 자율화, 마스크 착용 자율화

• 지침
[예문] 정확한 업무 지침을 내리지 않아서 어떻게 해야 할지 혼란스럽다.
[확장] 행동 지침, 지침 위반

• 개성
[예문] 유행을 따르기보다는 나만의 개성을 표현하는 것을 선호한다.
[확장] 개성이 강하다, 개성을 살리다

• 경향
[예문] 젊은 세대들이 경제적인 이유로 결혼을 회피하는 경향이 있다.

| 확장 | 경향이 있다, 경향성 |

- 합의

예문 여권과 야권의 합의가 원활하게 이루어지지 않아서 대립이 지속되고 있다.

확장 합의금, 합의가 이루어지다

35. ③

듣기 대본

남자: 오늘 오후 6시부터 시작된 제21대 **대통령 선거 개표가 이제 50%를 넘어섰습니다.** 자정을 넘은 이 시간 전국 각 개표소에서 **개표가 한창 진행되고 있습니다.** 화면에서 보시는 것처럼 선거관리위원들과 봉사자들이 지켜보는 가운데 별문제 없이 개표가 진행되고 있습니다. 개표 초반에는 김민수 후보가 박수미 후보보다 무려 30%나 앞서 나갔으나 개표가 진행되면서 역전과 재역전을 반복하는 현상이 나타나고 있습니다. 두 후보 간의 득표율이 오차 범위를 벗어나지 못하고 있는 상황이라 **개표가 80% 정도 이루어져야 당선자의 윤곽이 드러날 것으로 예상됩니다.**

풀이

남자는 대통령 선거가 끝난 후에 개표가 진행되는 상황을 설명하고 있다.

주요 표현

- 선거

예문 국회의원 선거를 앞두고 선거 운동이 한창이다.

확장 대통령 선거, 부정선거

- 개표

예문 6시에 투표가 모두 마감되면 바로 개표할 예정입니다.

확장 개표 결과, 개표 상황

- 넘어서다

예문 이번에 개봉한 영화는 한 달 만에 관객 수가 천만 명을 넘어섰다.

확장 넘다, 지나치다

- 앞서다

예문 우리 회사의 기술 수준은 다른 회사보다 앞서 있다고 생각합니다.

확장 앞서 있다, 뒤떨어지다

- 재역전

예문 우리 팀이 역전을 당했지만 결국 재역전하여 우승했다.

확장 역전, 재역전하다

- 오차

예문 팀장님의 계획은 한 치의 오차도 없이 정확하게 진행되었다.

확장 오차 범위, 오차율

46. ④

듣기 대본

여자: 지금 들으시는 음악은 2012년 무형 문화유산으로 등재된 아리랑입니다. 아리랑은 한국 사람들이 가장 애창하는 대표적인 민요입니다. 아쉽게도 아리랑은 여러 세대를 거치면서 구전으로 전승되어 기원과 역사에 대해서는 명확하게 밝혀진 것이 없습니다. 지역에 따라 다양한 형태의 아리랑이 존재하는데 곡조와 가사는 다르지만 한국 사람들이 공통적으로 느낄 수 있는 슬픔과 애환이 담겨 있습니다. **민족의 정서를 담고 있는 아리랑**은 단순한 노래에 그치는 것이 아니라 우리 모두를 하나로 뭉치게 만드는 묘한 매력을 가지고 있습니다. 해외에 살고 있는 한국 동포들에게 아리랑은 고향이고 조국을 대신하는 음악입니다. 한국의 정서를 잘 나타내는 대표적인 민요인 **아리랑은 한국인의 희로애락과 함께했다고 볼 수 있습니다.**

풀이

여자는 민족의 정서를 잘 나타내고 모두를 하나로 뭉치게 하는 아리랑의 의의와 가치를 설명하고 있다.

주요 표현

- 문화유산

예문 2022년에 한국의 탈춤이 유네스코 인류 무형 문화유산에 등재되었다.

확장 세계 문화유산, 무형 문화유산

- 등재

예문 이 단어는 사전에 등재되어 있지 않습니다.

확장 등재하다, 등재지

- 구전

예문 입으로 전해져 내려온 구전 동화나 구전 동요 등은 작가가 누구인지 알 수 없다.

확장 구전되다, 구전 동화

- 전승

예문 전통문화가 미래 세대에 잘 전승되어 사라지지 않았으면 좋겠다.

확장 전승하다, 전승되다

- 기원

예문 인간의 달 착륙은 우주 시대의 기원을 열었다.

확장 인류 역사의 기원, 종교의 기원

- 정서

예문 부모의 양육 태도는 아이들의 정서 발달에 많은 영향을 미친다.

확장 정서 불안, 정서적

- 희로애락

예문 누구나 살아가면서 기쁨과 노여움, 슬픔과 즐거움의 희로애락을 경험한다.

확장 희로애락이 담겨 있다, 인생의 희로애락

3 화자의 신분 파악하기

29. ②

듣기 대본

> 여자: 신설된 부서의 책임을 맡으신 소감을 한 말씀 부탁드립니다.
>
> 남자: 부서의 이름에서 알 수 있듯이 우리는 회사의 미래를 만들어 가야 합니다. 지금까지와는 다른 다양한 분야에서 가능성을 찾아야 하기 때문에 부담스럽기는 하지만 새로운 길을 개척한다는 자부심도 있습니다.
>
> 여자: 구체적으로 어떤 업무를 진행하실지 소개해 주시겠습니까?
>
> 남자: 우리 부서는 회사의 중장기 연구사업계획을 총괄하면서 각 부서별 연구 사업을 기획하고 발전 가능성이 있는 사업을 지원할 것입니다. 그리고 연구 성과를 관리해서 미래의 먹거리가 될 새로운 사업을 구상하는 업무를 담당하게 됩니다.

풀이

남자는 회사의 미래 발전을 위한 다양한 전략을 기획하는 사람이다.

주요 표현

- 신설

예문 신설 학과들은 학생 모집을 위해 대대적인 홍보에 나섰다.

확장 신설하다, 신설되다

- 개척

예문 서부 개척 시대를 배경으로 한 영화를 본 적이 있다.

확장 개척하다, 개척자

- 총괄

예문 개별적인 성과를 참고해서 총괄 평가를 한 후에 결정할 것이다.

확장 총괄하다, 총괄적

- 기획

예문 한글의 우수성을 소개하는 기획 프로그램이 방송됐다.

확장 기획하다, 기획재정부

- 구상

예문 새로운 사업은 구상 단계이며 실제로 진행될지는 불투명하다.

확장 구상하다, 곰곰이 생각하다

4 화자의 태도 파악하기

32. ③

듣기 대본

> 남자: 세계적으로 경제가 불황인데 공격적으로 투자하는 것은 적절하지 않다고 봅니다.
>
> 여자: 모두가 사업을 축소할 때 과감하게 기술 개발에 투자해서 새로운 상황에 대비해야 한다고 생각합니다. 지금이 회사 성장의 기회가 될 수도 있습니다.
>
> 남자: 우리의 경쟁 업체인 인주 전자도 무리하게 사업을 확장하다가 부도가 나지 않았습니까? 현재의 상태에서 더 이상의 투자는 무리입니다.
>
> 여자: 그렇다고 해도 이 시점에서 투자를 멈춘다면 지금까지의 노력이 허사가 됩니다. 다시 한번 재고해 주시기 바랍니다.

풀이

남자는 무리하게 투자하다가 문제가 생긴 회사의 사례를 들어 상대방의 의견에 반박하고 있다.

주요 표현

• 불황

예문 전문가들은 경제 불황이 앞으로 3년은 지속될 것으로 전망했다.

확장 불경기, 호황

• 축소하다

예문 세계적인 경제 불황으로 우리 회사도 사업 규모를 축소하기로 결정했다.

확장 예산 축소, 확대

• 과감하다

예문 새로운 변화를 과감하게 받아들이는 용기가 필요하다.

확장 용감하다, 과감히

• 부도

예문 신제품의 판매 부진으로 결국 회사가 부도가 났다.

확장 부도가 나다, 부도를 막다

• 감안

예문 광고를 볼 때 어느 정도는 과장된 부분이 있다는 것을 감안해야 합니다.

확장 감안하다, 고려하다

• 허사

예문 한 달 동안 노력한 것이 한 번의 실수로 모두 허사가 되어 버렸다.

확장 허사가 되다, 물거품이 되다

48. ③

듣기 대본

여자: 운전면허 응시 원서 서식에 장기 기증에 대한 의사를 묻는 항목을 포함하도록 하는 법률 개정안을 추진하고 있다면서요?

남자: 네. 우리나라의 장기 기증 희망 등록률이 3%에 불과한 반면 미국은 56%, 영국은 41%입니다. 이 두 나라는 운전면허 시험장을 통해 대부분의 장기 기증 희망자를 모집하고 있습니다. 현재 국회에 계류 중인 이 법안이 통과된다면 매년 장기 기증 희망자가 1% 상승하게 될 것으로 기대됩니다. 장기 기증 희망 등록은 언제든지 철회가 가능하며 실제 장기 기증의 상황이 닥쳤을 때 가족들의 동의를 구해 진행되기 때문에 법적 구속력이 없습니다. 이 제도가 하루 빨리 시행되어 장기 이식을 기다리는 환자들에게 희망의 빛이 비춰지기를 기대합니다.

풀이

남자는 장기 기증 법률 개정안이 빨리 통과되어야 함을 촉구하고 있다.

주요 표현

• 장기

예문 뇌사 상태에 빠진 35살의 김영수 씨는 장기 기증으로 5명의 생명을 살렸다.

확장 장기 기증, 장기이식

• 개정안

예문 정부는 개인정보보호법 개정안을 입법 예고했다.

확장 헌법 개정안, 세법 개정안

• 법안

예문 야당 의원들은 여당이 일방적으로 처리한 법안에 대해 거부권을 행사했다.

확장 법안을 마련하다, 법안을 발의하다

• 통과

예문 열심히 준비했지만 이번 학기에 논문이 통과되지 못했다.

확장 예선 통과, 법안 통과

• 철회하다

예문 노동자들은 사측과의 협상을 한 후 파업을 철회하기로 했다.

[확장] 취소하다, 철거하다

• 법적 구속력

[예문] 업무 협약은 두 기관과의 약속이긴 하지만 법적 구속력은 없다.

[확장] 법적 구속력이 있다, 법적 구속력이 없다

50. ②

[듣기 대본]

> 남자: 피의자 신상 공개 제도는 특정 강력 범죄자의 신상을 공개하는 제도입니다. 피의자의 신상 공개는 4가지의 조건에 부합해야 하는데요. 범행이 잔인하고 중대한 피해가 발생한 범죄이고 범죄에 대한 충분한 증거가 있어야 하며 공익이 목적이어야 합니다. 마지막으로 청소년은 신상 공개 대상이 되지 않습니다. 그러나 이 기준이 구체적으로 제시되어 있지 않아 모호합니다. 이에 유사한 사건임에도 불구하고 신상 공개 결정이 난 경우와 미공개로 엇갈린 판결이 나기도 했습니다. 이 제도의 실효성도 문제입니다. 현행법상 신상 공개가 결정이 되어도 피의자가 동의하지 않는 경우에는 과거의 신분증 사진만 공개가 가능합니다. 현재의 모습과 너무 다른 경우가 많아 신상 공개의 실효성이 낮다는 거지요. 범죄의 경각심을 높이고 국민의 알권리를 보장하기 위해서 이 제도는 보완이 되어야 합니다.

[풀이]

남자는 피의자 신상 공개 제도가 기준이 모호하고 실효성이 낮다는 문제점을 제시하며 제도가 개선되어야 한다고 주장하고 있다.

[주요 표현]

• 피의자

[예문] 교통사고를 내고 뺑소니를 친 30대 피의자를 검거했다.

[확장] 피해자, 용의자

• 신상

[예문] 범죄를 목격한 후 신상에 위협을 느끼고 경찰에게 안전을 보장해 달라고 요청했다.

[확장] 신상 정보, 신상 공개

• 잔인하다

[예문] 지나치게 폭력적인 영화는 잔인한 장면이 많아서 별로 좋아하지 않는다.

[확장] 잔인성, 인정이 없다

• 공익

[예문] 금연에 대한 공익 광고를 새롭게 제작 중이다.

[확장] 공익 광고, 공익 단체

• 모호하다

[예문] 영수 씨의 대답이 모호해서 긍정적인지 부정적인지 판단할 수가 없다.

[확장] 모호한 설명, 분명하다

• 실효성

[예문] 청년 실업 문제에 대한 실효성 있는 대책이 필요하다고 생각합니다.

[확장] 실효성이 있다, 실효성이 낮다

• 현행법

[예문] 국회의원 김인주 씨는 현행법 위반 의혹으로 조사를 받고 있다.

[확장] 현행, 현행범

5 주제 파악하기

33. ①

[듣기 대본]

> 여자: 체감 온도가 30도를 웃도는 폭염이 연일 지속되면서 요리하지 않고 간단하게 끼니를 해결할 수 있는 간편식을 찾는 사람들이 많습니다. 간편식이 인기를 끌면서 식품업계는 소비자들의 입맛과 취향을 충족시켜 주는 다양한 제품을 선보이고 있습니다. 식사부터 안주, 후식까지 제품의 종류가 다양해졌고 신선하고 질이 좋은 재료를 사용하여 건강에도 유익한 제품들이 출시되고 있습니다. 간편식의 판매량은 지난해 같은 기간보다 30% 증가한 것으로 나타났는데요. 무더위와 함께 최근 치솟는 물가와 경제 불황도 간편식 판매량 증가의 원인이 된 것으로 분석하고 있습니다.

[풀이]

여자는 폭염과 치솟는 물가, 경제 불황으로 인해 간편식 판매가 증가했다고 설명하고 있다.

- 체감

예문 현재 서울의 기온은 29도인데 습도 때문에 체감 온도는 훨씬 높습니다.

확장 체감하다, 체감 온도

- 지속

예문 당분간은 경제 성장이 지속될 것으로 예상된다.

확장 지속하다, 지속 시간

- 취향

예문 손님들의 취향에 따라 소스는 선택해서 드시면 됩니다.

확장 취향껏, 취향대로

- 출시

예문 다음 달 출시 예정인 신제품의 예약 판매가 100만 대를 넘었다고 한다.

확장 출시하다, 출시 예정

- 치솟다

예문 금리가 치솟자 은행에서 대출을 받은 사람들의 이자 부담이 많이 늘었다.

확장 불길이 치솟다, 분노가 치솟다

- 불황

예문 지속적인 경제 불황으로 폐업하는 가게들이 속출하고 있다.

확장 호황, 경제 침체

41. ④

듣기 대본

> 여자: 요즘 어디를 가나 쉽게 접할 수 있는 용어가 인공지능입니다. 가전제품, 음성 인식, 자율 운행 차량 등 우리의 생활 속에 인공지능 기술이 많이 스며들어 있습니다. 과연 인공지능 기술의 발전이 인간에게 어떤 영향을 미치게 될까요? 인공지능 기술은 계속 발전을 거듭하여 인간과 점점 유사해지고 있습니다. 인공지능을 활용하여 기사를 작성하거나 몇 개의 문장을 녹음하면 실제 그 사람의 목소리와 유사하게 생성해 낼 수 있는 등 인간의 역할을 대체하고 있습니다. 우리의 삶에 인공지능의 역할을 배제할 수 없다면 인공지능과 인간이 함께할 수 있는 방안에 대해 심도 있는 논의가 필요한 시점이라고 생각합니다.

풀이

여자는 인공지능의 발전이 인간 사회에 미치는 영향에 대한 논의가 필요하다고 생각한다.

주요 표현

- 인공지능

예문 인공지능 기술의 발달은 우리의 일상생활을 보다 편리하게 만들어 준다.

확장 인공위성, 인공 눈물

- 자율 운행

예문 운전자 없이 운행이 가능한 자율 운행 차량이 시범 운행될 예정이다.

확장 자율 주행, 자율 학습

- 생성

예문 문자와 숫자를 결합한 비밀번호를 생성해야 안전하게 이용할 수 있다.

확장 생성하다, 생성되다

- 대체

예문 올해 10월 2일이 대체 공휴일로 지정되어서 5일 연휴를 즐길 수 있다.

확장 대체하다, 교체하다

- 배제하다

예문 주관적인 판단을 최대한 배제하고 객관적으로 파악하려고 노력했다.

확장 제외하다, 제거하다

- 심도

예문 어제 두 사람이 만나서 심도 있는 대화를 나누었다.

확장 심도 있다, 심도 있게

43. ③

> 남자: 인간이 생활 속에서 배출하는 이산화탄소의 증가는 지구온난화, 해수면 상승, 이상 기후 유발 등의 여러 가지 문제로 이어진다. 바닷속에 사는 **고래가 이러한 이산화탄소를 줄이는 데 큰 역할을 하고 있다**는 사실을 아는 사람은 많지 않다. 고래는 숨을 쉴 때마다 이산화탄소를 몸속에 저장한다. 고래의 평균 수명을 60년이라고 볼 때 평생 33톤의 이산화탄소를 흡수하게 된다. 고래는 평생 동안 이산화탄소를 몸속에 축적해 두었다가 죽으면 해저 바닥으로 가라앉아 이산화탄소를 수백 년 동안 가두어 둔다. 나무 한 그루가 연간 흡수하는 이산화탄소의 양이 22킬로그램에 불과하다고 하니 고래 한 마리가 약 1,500그루의 나무를 심는 효과를 내는 것이다.

풀이

남자는 고래가 이산화탄소를 줄여 주는 역할을 하고 있다고 이야기하고 있다.

주요 표현

- 배출하다
  예문 서울시는 오염 물질을 무단으로 배출한 업체를 적발했다.
  확장 배출 가스, 분리배출

- 지구온난화
  예문 지구온난화의 영향으로 빙하가 녹고 해수면이 상승하는 등 문제가 많이 발생하고 있다.
  확장 기후 변화, 온실효과

- 흡수되다
  예문 이번 신제품은 끈적거림 없이 피부에 흡수되어 반응이 아주 좋습니다.
  확장 흡수하다, 방출하다

- 축적하다
  예문 젊은 나이에 사업을 성공하여 엄청난 부를 축적하였다.
  확장 경험의 축적, 지방 축적

- 해저
  예문 영남과 호남을 연결하는 해저 터널이 올해 착공될 예정이다.
  확장 해저 터널, 해저 탐사

6 이전의 대화 내용 찾기

39. ②

> 여자: 극심한 **물 부족에 시달리는 게 올해만의 문제는 아니라는 것**인데 앞으로의 상황을 어떻게 예측하십니까?
>
> 남자: 세계자원연구소에서 공개한 내용을 보면 앞으로 30년 후에는 세계 인구의 60% 정도가 물 부족 현상을 겪게 될 것이라고 합니다. 인구가 증가하고 경제가 개발되면서 물에 대한 수요는 급증했지만 수자원 시설에 대한 투자는 미미한 실정입니다. 한마디로 물 수요의 증가를 물 공급이 따라가지 못하는 거지요. 물이 부족하면 식량 문제가 심각해질 뿐만 아니라 산업, 에너지 등에 악영향을 끼칠 수밖에 없습니다. 전 세계가 물 부족의 심각성을 깨닫고 이에 대한 대책을 마련해야 할 시점이라고 봅니다.

풀이

이 대화 이전에 물이 부족한 상황이 올해 처음 발생한 일이 아니라는 것에 대해서 이야기했다.

주요 표현

- 극심하다
  예문 추석 연휴를 맞아 귀성 차량으로 교통 체증이 극심합니다.
  확장 극심한 인력난, 심하다

- 수요
  예문 경제가 좋아지자 해외여행 수요가 많이 늘어났다.
  확장 수요가 늘다, 수요가 줄다

- 공급
  예문 수요가 많으면 가격이 올라가고 공급이 많으면 가격이 떨어진다.
  확장 공급하다, 공급 가격

- 미미하다
  예문 수술한 후 처음에는 효과가 미미했지만 시간이 지남에 따라 많이 호전되었다.

- 대책

예문 청년 취업 문제에 대한 정부의 대책 마련이 시급해
보입니다.

확장 대책을 마련하다, 대책을 세우다

유형 ❹ 세부 내용 이해하기

[유형 ❹ A]

❶ 일상 대화의 내용 이해하기

13. ③

듣기 대본

> 여자: 친구들끼리 송별회라도 해야지 그냥 헤어질 수
> 는 없잖아.
> 남자: 그럼, 재료를 사 가지고 우리 집에서 해 먹는 게
> 어때?
> 여자: 집에서 만들면 재미있기는 하겠지만 너무 번거
> 로울 것 같아. 각자 먹고 싶은 것을 가지고 오라
> 고 하자.
> 남자: 좋은 생각이다. 친구들에게는 내가 연락할게.

풀이

① 여자는 송별회를 하고 싶어 한다.
② 친구들이 각자 먹고 싶은 것을 가지고 올 것이다.
③ 친구들이 먹을 것을 준비해서 만날 것이다.
④ 두 사람은 집에서 요리를 하지 않을 것이다.

주요 표현

- 송별회

예문 유학을 떠나는 친구를 위해서 송별회를 했다.

확장 송별식, 환송회

- 그냥

예문 이건 무농약이라서 씻지 않고 그냥 먹어도 돼요.

확장 그냥 두다, 그대로

- 번거롭다

예문 여권을 잃어버리면 재발급을 받기가 번거롭다.

확장 절차가 번거롭다, 복잡하다

- 각자

예문 각자 맡은 일에 최선을 다해야 한다.

확장 각자 부담, 각자도생

2 안내 방송의 내용 이해하기

14. ③

듣기 대본

> 여자 : 안녕하세요? 세계적인 오늘 공연에 와 주신 여러분, 환영합니다. 잠시 후인 7시부터 공연이 시작됩니다. 세계적인 가수의 노래를 즐기시면서 공연 중에 마음껏 소리도 지르고 사진과 동영상을 많이 찍어 추억을 남기시길 바랍니다.

풀이

① 7시에 공연이 시작된다.
② 공연 중에 소리를 마음대로 질러도 된다.
③ 공연 사진을 촬영해도 된다.
④ 세계적인 가수의 공연이다.

주요 표현

- 세계적
[예문] 이 건물은 100년 전에 지어진 세계적인 건축물입니다.
[확장] 세계적으로, 세계적이다

- 마음껏
[예문] 음식은 충분하니까 마음껏 드세요.
[확장] 마음껏 뛰어놀다, 마음껏 돌아다니다

- 지르다
[예문] 스트레스가 쌓였을 때 소리를 지르는 것도 좋은 해소 방법이다.
[확장] 소리를 지르다, 소리치다

- 남기다
[예문] 전화를 받지 않아서 음성 메시지를 남겼어요.
[확장] 음식을 남기다, 남다

3 뉴스의 내용 이해하기

15. ②

듣기 대본

> 남자: 오늘 새벽 고속도로 상행선에서 5중 추돌사고가 발생해 6시간 동안 도로가 통제되어 큰 불편을 초래했습니다. 다행히 사상자는 발생하지 않았지만 한 치 앞도 내다볼 수 없는 짙은 안개로 경찰의 출동이 늦어진 데다가 출근 시간까지 겹쳐 교통 체증이 심했습니다. 현재는 모든 사고 처리가 끝난 상태입니다.

풀이

① 이 사고는 오늘 새벽에 발생했고 6시간 동안 도로가 통제되었다.
② 이 사고로 인한 사망자와 부상자가 발생하지 않았다.
③ 짙은 안개 때문에 경찰의 출동이 늦어졌다.
④ 이 사고는 현재 처리가 끝났다.

주요 표현

- 상행선
[예문] 토요일 오전에는 하행선이 막히고 일요일 오후에는 상행선이 막힌다.
[확장] 하행선, 상행선 기차표

- 추돌
[예문] 트럭이 승용차를 추돌해서 운전자가 크게 다쳤다.
[확장] 추돌사고, 충돌사고

- 통제
[예문] 사고 처리가 끝나서 이제 교통 통제가 풀렸다.
[확장] 통제하다, 출입 통제

- 사상자
[예문] 사고로 생긴 사상자를 병원으로 이송했다.
[확장] 사망자, 부상자

- 출동
[예문] 범인을 목격했다는 신고를 받고 경찰들이 서둘러 출동했다.
[확장] 출동하다, 출동 명령

4 인터뷰의 내용 이해하기

16. ④

듣기 대본

> 남자: 박사님, 억지로 웃거나 가짜로 웃는 것도 건강에 도움이 될까요?
>
> 여자: 스트레스를 받는 상황이라면 가짜로 웃는 것도 효과적입니다. 가짜 웃음이라도 웃음은 심장박동 수가 낮아지고 스트레스를 완화시켜 주는 역할을 하거든요. 억지로라도 15초 이상 실컷 웃고 나면 기분이 좋아지고 행복감을 느끼게 됩니다.

풀이

① 가짜로 웃어도 심장박동 수가 느려진다.
② 억지로 웃어도 스트레스가 완화된다.
③ 가짜 웃음으로도 행복감을 느낄 수 있다.
④ 가짜 웃음이 건강에 도움이 될 때가 있다.

주요 표현

• 억지로
예문 너무 공부하기 싫지만 다음 주에 시험이 있어서 억지로 참고 하는 중이다.
확장 억지를 부리다, 억지스럽다

• 효과적이다
예문 언어를 배울 때는 그 나라에 직접 가서 배우는 것이 가장 효과적이다.
확장 효과, 효과적으로

• 완화
예문 이 약을 드신 후에도 통증이 완화되지 않으면 다시 오십시오.
확장 긴장 완화, 규제 완화

• 역할
예문 자신이 맡은 역할에 충실해야 한다.
확장 역할을 다하다, 역할 분담

• 실컷
예문 실컷 울었더니 스트레스가 풀렸다.
확장 실컷 놀다, 실컷 먹다

5 공적 상황의 대화 내용 이해하기

22. ②

듣기 대본

> 여자: 독자들의 관심을 끄는 책은 아무래도 재테크나 여행 후기 같은 실용적인 정보가 들어 있는 서적일 것 같아요. 그런 쪽의 저자를 섭외하면 어떨까요?
>
> 남자: 실용적인 정보는 변화가 심해서 오래가지 못해요. 자기 개발과 관련된 서적이나 자격시험 대비서처럼 안정적으로 팔릴 수 있는 책이라야 출판사 경영에 도움이 됩니다.
>
> 여자: 사실 그런 책들은 이미 많이 나와 있어서 독자들의 관심을 끌 수 있을지 모르겠네요.
>
> 남자: 많이 알려진 유명 인사에게 집필을 부탁하면 광고 효과가 있어서 책 판매에도 긍정적일 거예요.

풀이

① 남자는 유명인에게 집필을 부탁하려고 한다.
② 남자는 안정적으로 팔리는 자기 개발서나 자격시험 대비서를 출판하고 싶어 한다.
③ 여자는 재테크와 여행에 관련된 책에 관심이 있다.
④ 여자는 실용적인 정보와 관련된 책이 인기가 있다고 생각한다.

주요 표현

• 후기
예문 다른 고객들의 후기를 보고 물건을 사는 사람들이 많다.
확장 후기를 달다, 상품 후기

• 실용적이다
예문 생활에서 쉽게 활용할 수 있는 실용적인 내용으로 프로그램을 만들었다.
확장 실용적인 방법, 실용적으로

• 섭외
예문 드라마 촬영에서 조연출은 장소 섭외를 담당한다.
확장 섭외하다, 출연자 섭외

• 안정적이다
예문 원자력 발전으로 안정적인 전기 공급이 이루어지고 있다.
확장 안정적인 직업, 안정적으로

- 집필

[예문] 출판사가 전직 대통령에게 자서전 집필을 의뢰했다.

[확장] 집필하다, 집필자

24. ④

[듣기 대본]

> 남자: 자동차보험이 있는데 운전자보험에도 가입해야 하나요?
>
> 여자: 자동차보험은 운전자가 교통사고로 상대방에게 피해를 입혔을 때 보상을 해 주는 상품이에요. 반면에 **운전자보험은 운전자 본인이 피해를 입었을 때 보장을 받을 수 있는 상품입니다.** 자동차보험과 달리 **의무적으로 가입할 필요는 없지만** 운전자 본인의 안전을 위해서 가입하시는 게 좋습니다.
>
> 남자: 보험료는 어떻게 됩니까?
>
> 여자: 차종이나 운전 경력, 운전 습관에 따라서 금액이 달라집니다. 자사 **자동차보험에 가입하신 분들은 보험료의 5%를 할인받을 수 있습니다.**

[풀이]

① 운전자보험은 운전자 본인의 안전을 위한 보험이다.

② 자동차보험은 의무적으로 가입해야 하지만 운전자보험은 가입할지 안 할지 선택하면 된다.

③ 운전자보험은 운전자가 사고를 냈을 때 운전자 본인의 피해에 대해서 보상한다.

④ 이 회사의 자동차보험 가입자는 운전자보험을 5% 싸게 가입할 수 있다.

[주요 표현]

- 상담

[예문] 어려운 일이 있을 때 법률 전문가에게 상담을 받는다.

[확장] 상담하다, 상담자

- 가입

[예문] 동아리에 들고 싶으면 먼저 가입 신청서를 내세요.

[확장] 가입하다, 가입자

- 피해

[예문] 강한 태풍이었지만 피해는 크지 않았다.

[확장] 피해를 주다, 피해를 입다

- 보상

[예문] 보험회사에 피해 보상을 신청했다.

[확장] 보상하다, 보상금

- 납부

[예문] 등록금 납부 기한이 언제까지인지 아세요?

[확장] 납부하다, 납부고지서

- 부담

[예문] 공부에 대해서 아이에게 부담을 주는 부모들이 있다.

[확장] 부담스럽다, 부담감

26. ②

[듣기 대본]

> 여자: 이번 영화는 소설을 원작으로 한다고 들었는데요. 감독님의 기존 작품들과는 어떤 점에서 차이가 있을까요?
>
> 남자: 우선 **소설이 원작**이기 때문에 작품의 **완성도를 보증할 수 있습니다.** 지금까지는 유명 배우들과 작업을 했지만 이번에는 **알려지지 않은 배우들을 통해서** 선입견 없이 영화의 내용에 몰입할 수 있도록 적극적으로 신인들을 기용했습니다. 소설의 인기 요소를 영화 속에 최대한 담으려고 노력했지만 **영화로 시각화하는 데 한계가 있었습니다.** 이런 부분은 배우의 독백을 통해서 영화적 상상력으로 표현했습니다.

[풀이]

① 소설을 영화로 시각화하는 데 어려움이 있었다.

② 이번 영화는 소설을 원작으로 만들어졌다.

③ 기존 작품들의 완성도에 대한 언급은 없다.

④ 이번 영화에는 신인 배우들을 적극적으로 기용했다.

[주요 표현]

- 원작

[예문] 영화가 원작 소설만큼 재미있다는 평가를 받았다.

[확장] 원작자, 원작에 충실하다

- 보증

[예문] 공식 기관의 보증을 받는 자격증만 가치가 있다.

[확장] 보증하다, 품질 보증서

- 알려지다

[예문] 빌 게이츠는 기부를 많이 하는 것으로 알려져 있다.

[확장] 널리 알려지다, 알리다

- 몰입

[예문] 집안일로 머리가 복잡해서 공부에 몰입이 안 된다.

[확장] 몰입하다, 감정 몰입

• 한계

예문 인내심이 한계에 다다라서 더 이상 참을 수가 없다.

확장 한계를 극복하다, 한계에 부닥치다

28. ②

듣기 대본

> 남자: 무역센터에서 취업박람회가 있다는데 같이 갈래? 올해는 해외 기업들과 공공기관들도 참여한다니까 다양한 정보를 얻을 수 있을 거야.
>
> 여자: 난 아직 뭘 해야 할지 마음을 정하지 못했어.
>
> 남자: 이번 박람회에서는 서류 심사, 면접 등 채용과 관련된 구체적인 내용도 소개하고 분야별 성공 전략까지 알려 준다니까 너한테도 도움이 될 거야. 안내서를 보니까 직업과 진로에 대한 특강도 있더라.
>
> 여자: 그럼, 가서 어떤 일자리들이 있는지 구경해 볼까?

풀이

① 이 박람회에서는 일자리 정보를 제공하지만 직접 일자리를 제공하지 않는다.

② 올해는 해외 기업이 참여하기 때문에 해외 취업 정보를 얻을 수 있다.

③ 이 박람회는 무역센터에서 열리는데 다양한 일자리 정보를 제공한다.

④ 이 박람회에서 서류 심사와 면접에 관련된 내용을 소개한다.

주요 표현

• 취업

예문 학교 홈페이지에 졸업생들을 위한 취업 정보가 많다.

확장 취업하다, 취업자

• 참여

예문 신청 기간이 짧아서 행사에 학생들의 참여가 적었다.

확장 참여하다, 참여율

• 분야

예문 경제 분야 전문가들이 주식 투자에 대한 이야기를 했다.

확장 의학 분야, 전공 분야

• 전략

예문 신제품의 질도 중요하지만 판매 전략이 좋아야 성공할 수 있다.

확장 투자 전략, 군사 전략

• 진로

예문 기상 전문가들이 태풍의 진로를 예측한다.

확장 진로 문제, 진로 상담

• 특강

예문 고등학생 자녀를 둔 학부모들을 위한 특강이 있었다.

확장 방학 특강, 강의

30. ②

듣기 대본

> 여자: 솔직하게 말씀드리면 저는 나무의사라는 말이 아주 생소한데요.
>
> 남자: 네, 에너지와 친환경적인 작업에 종사하는 사람들을 그린컬러 또는 녹색직업이라고 부르는데 나무의사도 그중의 하나입니다.
>
> 여자: 그저 나무를 좋아한다고 해서 할 수 있는 일이 아니라고 들었는데 구체적으로 어떤 일을 하시는지 말씀해 주시겠습니까?
>
> 남자: 의사가 사람들의 병을 알아내고 치료를 하는 것과 마찬가지로 수목의 피해를 진단하고 처방을 합니다. 그리고 문화재로 지정된 식물을 보호하는 일도 하죠. 자연보호와 환경에 대한 관심이 많은 분들에게 추천하고 싶습니다.

풀이

① 이 직업은 최근에 신설되었다.

② 이 직업은 친환경적인 작업에 종사한다.

③ 이 직업은 문화재로 지정된 나무를 보호하는 일을 한다.

④ 이 직업은 나무를 좋아하는 사람이라고 해서 할 수 있는 일은 아니다.

주요 표현

• 생소하다

예문 참석자 명단을 봤는데 생소한 이름들뿐이었다.

확장 낯설다, 익숙하다

• 친환경적

예문 나무나 돌 같은 친환경적인 재료를 사용한 건물이 인기이다.

확장 친환경 생활용품, 친환경 에너지

• 종사하다

예문 부모님은 내가 전문직에 종사하기를 원하신다.

확장 생업에 종사하다, 종사자

- 알아내다

[예문] 경찰은 범인이 숨을 장소를 알아내려고 애쓰고 있다.

[확장] 밝혀내다, 찾아내다

- 지정

[예문] 특정 전염병에 걸리면 지정 병원에 가야 한다.

[확장] 지정하다, 지정 좌석

34. ②

[듣기 대본]

> 여자: 날씨나 주변 환경 때문에 운동을 못한다거나 시간이 없어서 운동 경기를 보러 가지 못한다는 것은 이제 옛말이 되었습니다. 가상현실의 발달로 언제 어디서든 **인터넷만 있으면** 운동을 즐길 수 있습니다. 세계적인 선수들의 경기를 현장에 있는 것처럼 실감 나게 즐길 수 있고 굳이 체육관에 가지 않고도 좋아하는 운동으로 체력을 단련할 수 있습니다. **실제로 선수들은 가상현실을 이용해서 육체적, 심리적 훈련을 진행하면서 많은 효과**를 거두고 있습니다. 이 가상현실은 실제로 존재하는 것처럼 상황을 만들고 사용자와 상호작용을 하면서 **학습되지 않은 현실까지도 확장**할 수 있는 기술입니다.

[풀이]

① 가상현실은 인터넷의 발달로 더 즐길 수 있게 되었다.

② 가상현실은 날씨나 환경과 관계없이 운동을 즐길 수 있다.

③ 가상현실은 전문 선수들의 육체적, 심리적 훈련에 효과적이다.

④ 가상현실은 학습되지 않는 현실까지 만들 수 있다.

[주요 표현]

- 현장

[예문] 경찰의 조사가 끝날 때까지 사건 현장을 보존해야 한다.

[확장] 현장 경험, 현장 학습

- 실감

[예문] 물가가 많이 떨어졌다고 하는데 정작 소비자들은 실감하지 못한다.

[확장] 실감이 나다, 실감이 가다

- 단련

[예문] 계단 오르기는 체력 단련에 좋은 방법이다.

[확장] 단련하다, 단련시키다

- 훈련

[예문] 자원봉사자들은 단기간의 훈련을 거친 후 현장에 투입됐다.

[확장] 훈련하다, 군사 훈련

- 효과

[예문] 환자의 믿음에 따라 치료의 효과가 다를 수 있다.

[확장] 효과적이다, 효과를 보다

- 확장

[예문] 무분별한 사업 확장은 회사를 위험에 빠뜨릴 수 있다.

[확장] 확장하다, 도로 확장 계획

36. ④

[듣기 대본]

> 남자: 그동안의 어려운 학업을 마치고 이곳을 떠나는 **졸업생 여러분**, 진심으로 여러분의 노고에 감사하고 새로운 출발을 축하합니다. 그리고 이 자리를 빛내기 위해서 **찾아 주신 가족들과 내빈 여러분들께도** 감사의 말씀을 전합니다. **학교가 이전하는 어려운 상황**에서도 흔들림 없이 학업에 전념해 주신 선생님들과 학생 여러분들의 노력이 오늘의 결실을 만들었다고 생각합니다. 오늘 졸업생들이 **후배들을 위해 써 달라며 성금을 모아 주셨습니다.** 이제 안정된 분위기에서 여러분의 후배들이 공부를 하고 여러분을 기억할 것입니다. 이곳과 이곳에서 쌓은 추억을 오래오래 간직하시길 바라며 여러분의 미래를 응원합니다.

[풀이]

① 이 행사에 재학생과 졸업생, 가족과 손님들도 참석했다.

② 후배들을 위해서 졸업생들이 돈을 모았다.

③ 졸업생들이 후배들을 위해서 성금을 모았다.

④ 이 행사에 참석한 학생들이 공부하는 동안 학교가 이사했다.

[주요 표현]

- 학업

[예문] 가정 형편이 어려워서 중도에 학업을 포기했다.

[확장] 학업을 계속하다, 학업 성적

- 노고

[예문] 사장님이 사원들의 노고를 치하하고 상여금을 전달

했다.

확장 노고를 위로하다, 노고에 보답하다

• 이전
예문 시청 이전에 대한 시민들의 의견이 분분하다.
확장 이전하다, 주소 이전

• 전념
예문 가족들은 내가 일에만 전념할 수 있도록 도와주었다.
확장 공부에 전념하다, 사업에 전념하다

• 간직하다
예문 나는 가족사진을 지갑 속에 간직하고 다닌다.
확장 가슴속에 간직하다, 깊이 간직하다

• 응원
예문 관중들의 응원 소리 때문에 안내 방송도 들리지 않았다.
확장 응원하다, 응원단

38. ②

듣기 대본

> 남자: 개인적인 취향을 중시하는 사회 분위기에서 여행의 트렌드도 예전과 달라지고 있는 것 같습니다.
> 여자: 그렇습니다. 과거에는 이미 짜여진 일정을 따라다니는 수동적인 여행이 큰 비중을 차지했다면 최근에는 혼잡한 곳을 피해서 자신만의 시간을 즐기려는 능동적인 여행이 주를 이루고 있습니다. 몸과 마음을 치유하면서 휴식을 취할 수 있는 명상 여행이나 걷기 여행이 대표적이죠. 그리고 여행이 일상이 되고 일상이 여행이 되는 체험 여행도 증가하고 있는데요. 농촌이나 어촌에서 살아 보면서 지역의 일상을 체험하는 생활밀착형 관광이 주목을 받고 있습니다.

풀이

① 과거에는 짜여진 일정을 따라다니는 여행이 많았다.
② 최근에는 자신의 취향에 맞춰서 즐기려는 여행이 많아졌다.
③ 농어촌에 살기 위해서 여행을 하는 것이 아니라 지역의 일상을 체험해 보기 위해서 여행을 한다.
④ 병을 치료하기 위한 여행에 대한 설명은 없다.

주요 표현

• 중시하다
예문 부모 세대는 전통을 중시하지만 신세대들은 개성을 중시한다.
확장 중시되다, 혈통 중시

• 비중
예문 방송에서 한글날 행사를 비중 있게 다루었다.
확장 비중이 높다, 비중이 크다

• 차지
예문 부모님의 유산은 맏아들의 차지가 되었다.
확장 차지하다, 차지이다

• 혼잡
예문 갑자기 내린 눈으로 큰 혼잡이 빚어졌다.
확장 혼잡하다, 혼잡스럽다

• 치유
예문 도시에서 상처받은 마음의 치유를 위해서 고향으로 내려갔다.
확장 치유하다, 치유되다

• 주목
예문 파격적인 옷차림의 남자가 사람들의 주목을 끌었다.
확장 주목하다, 주목을 받다

40. ④

듣기 대본

> 여자: 앞으로 예상되는 문제가 그렇게 많음에도 불구하고 제도를 개선하지 못하는 이유가 있을 것 같은데요.
> 남자: 네, 연금제도가 현실을 반영하지 못하고 적극적인 개선 노력보다는 단기적인 시각에서 대처한다면 오히려 문제를 키우게 됩니다. 연금제도의 개선은 국민 모두의 공감과 사회 전반에 걸친 개혁을 통해서만 가능합니다. 연금을 많이 내고 적게 받자는 주장에 대해서 누구든지 선뜻 동의하기는 쉽지 않을 겁니다. 하지만 미래 세대를 위해서 결단을 내려야 합니다. 연금을 수령하는 연령을 더 늦추거나 수령액을 줄여서라도 기금을 오랫동안 유지하는 것이 필요합니다.

풀이

① 단기적인 시각에서 개선책을 만든다면 문제가 더 커질

것이다.
② 미래 세대를 위해서 현재의 연금제도를 개선해야 한다.
③ 현재의 연금제도를 지금보다 연금을 많이 내고 적게 받는 방식으로 개선해야 한다.
④ 연금제도의 개선은 국민 모두의 공감과 사회 전반에 걸친 개혁을 통해서만 가능하다.

주요 표현

• 예상
예문 모두의 예상대로 우리 팀이 이겼다.
확장 예상하다, 예상이 빗나가다

• 개선
예문 두 나라는 관계 개선을 위해서 다양한 노력을 하고 있다.
확장 개선하다, 개선 방안

• 연금
예문 나라에서 주는 연금만으로는 생활하기가 어렵다.
확장 국민연금, 노령연금

• 반영하다
예문 대중가요는 당시의 분위기를 반영한다.
확장 반영되다, 현실의 반영

• 대처하다
예문 국민들이 물가 안정에 대한 정부의 강력한 대처를 요구했다.
확장 대처하다, 대처 방안

• 개혁
예문 교사들은 잘못된 교육 제도의 개혁을 주장했다.
확장 개혁하다, 제도 개혁

• 유지하다
예문 현재 상태를 유지하는 것이 최선의 방법이다.
확장 유지되다, 평화 유지

42. ③

듣기 대본

> 여자: 유적의 규모와 특성에 따라서 발굴 기간이나 발굴 방법이 달라져야 하기 때문에 유적지를 발굴하기 위해서는 먼저 세밀한 계획을 세워야 합니다. 발굴은 야외에서 이루어지기 때문에 혹한기, 혹서기 또는 우기에는 작업을 하기가 어렵습니다. 유적이 묻혀 있는 지층의 깊이에 따라서 지표조사와 시굴조사에 소요되는 기간이 달라집니다. 유적이 넓게 분포하는 경우에는 긴 구덩이를 만들어서 연구를 해야 하고 패총 유적지와 같이 유적이 조밀하게 분포한 지역에서는 바둑판으로 구덩이를 만들어야 합니다. 유물을 발굴한다고 해서 작업이 끝나는 것이 아니라 유물을 분석해야 하는데 보통 발굴 기간의 대여섯 배의 시간이 걸립니다.

풀이

① 발굴 기간은 유적의 규모와 특성에 따라서 달라진다.
② 깊이 묻혀 있는 유적은 지표조사가 필요하다.
③ 유적이 넓게 분포하는 경우나 유적이 조밀하게 분포하는 경우에 따라서 발굴 방법이 달라진다.
④ 유물을 발굴한 후에 분석을 하는데 보통 발굴 기간보다 5~6배 정도 시간이 걸린다.

주요 표현

• 발굴
예문 지진으로 매몰된 지역을 발굴하는 데 오랜 기간이 걸렸다.
확장 지하자원 발굴, 인재 발굴

• 세밀하다
예문 과장은 직원들이 해야 할 업무를 시간까지 세밀하게 적어 놓았다.
확장 세밀하게 검토하다, 세밀한 기록

• 묻히다
예문 흙 속에 묻힌 보석을 발견했다.
확장 묻혀 있다, 묻다

• 소요되다
예문 학생 활동에 소요되는 물품을 미리 구입했다.
확장 경비가 소요되다, 시간이 소요되다

• 분포
예문 지역에 따른 인구 분포를 조사 중이다.

확장 분포하다, 분포 범위

• 분석

예문 사건의 원인 분석을 끝낸 후에 처리 방안을 논의했다.

확장 분석하다, 심리 분석

44. ②

듣기 대본

남자: 식충식물이라고 하면 그 이름 때문에 다른 식물에 비해서 더 위협적으로 생겼거나 혐오스러울 거라고 생각한다. 하지만 모든 식충식물이 무시무시하게 생긴 것은 아니며 제법 예쁘거나 귀엽게 생긴 개체들도 있다. 식충식물의 서식지는 사막이나 열대우림, 물속, 늪지대 등 종류에 따라 다른데 온화한 지역에서도 일부가 서식하는 것으로 보고되고 있다. 대부분의 식충식물은 극한의 척박한 환경에서 살아남기 위해 진화했는데 열악한 환경에 서식하다 보니 벌레라도 잡아서 인과 같은 무기질과 영양분을 보충할 필요가 있어서 식충을 하게 진화된 것이다. 식충식물이 벌레를 잡아먹는 것은 열량을 얻기 위한 과정이 아니라 만성적으로 부족한 질소화합물을 얻기 위한 수단이다.

풀이

식충식물은 좋지 않은 환경에서 서식하기 때문에 필요한 영양분을 얻을 수 없다. 그래서 벌레를 잡아먹어서 무기질과 영양분을 보충한다.

주요 표현

• 위협

예문 핵무기는 인류에게 큰 위협이다.

확장 위협하다, 위협적이다

• 혐오스럽다

예문 자신의 이익을 위해 거짓을 말하는 사람들이 혐오스럽다.

확장 혐오하다, 혐오감이 들다

• 무시무시하다

예문 번지점프를 하는 모습이 무시무시하게 보인다.

확장 무섭다, 두렵다

• 서식

예문 도시 근처의 강에서 희귀동물의 서식을 처음으로 확

인했다.

확장 서식하다, 서식지

• 척박하다

예문 나무 한 그루 없는 척박한 환경에서 살아남을 수 있는 동물이 있을까?

확장 척박지, 메마르다

• 보충하다

예문 주중에 부족한 잠을 보충하기 위해서 주말에는 하루 종일 잠만 잔다.

확장 보충 설명, 보충 수업

• 진화

예문 수십만 년 동안 이루어진 인간의 진화 과정을 재구성했다.

확장 진화하다, 진화 경로

45. ①

듣기 대본

여자: 서석지는 조선시대 민가의 대표적인 정원으로 정자와 함께 자연 그대로의 아름다움을 간직하고 있습니다. 서석지는 상서로운 돌이 있는 연못이라는 의미로 자연과 인간의 합일사상을 토대로 만들어졌습니다. 연못 주위에는 매화, 난초, 국화, 대나무를 심어서 신비의 높은 지조를 나타내고 있는데 담장 밖에서도 한눈에 보이는 400년이 넘는 은행나무와 아름답게 조화를 이루고 있습니다. 높지 않은 담으로 둘러싸인 서석지는 자연의 모습을 그대로 이용해서 만든 정원으로 보는 사람의 마음을 편안하게 합니다. 서석지에는 크고 작은 바위와 돌들이 60여 개가 있는데 여기에 사람처럼 제각각 이름이 있고 몇몇 바위에는 시까지 지어 줬습니다. 그야말로 자연과 인간이 공존하는 공간이 아닐까 생각합니다.

풀이

① 서석지는 민가의 정원을 대표하는 곳이다.
② 서석지가 왕과 선비들을 위해서 만든 정원인지 알 수 없다.
③ 서석지에 있는 돌에 사람처럼 이름이 있다.
④ 서석지는 상서로운 돌이 있는 연못이라는 의미이다.

- 간직하다

예문 유학 생활의 추억을 가슴 깊이 간직하겠습니다.

확장 가슴속에 간직하다, 깊이 새기다

- 상서롭다

예문 예부터 돼지가 나오는 꿈은 상서로운 징조로 생각했다.

확장 복되다, 길하다

- 토대

예문 경험을 토대로 해서 새로운 사업을 시작하려고 한다.

확장 토대를 마련하다, 토대 위에

- 둘러싸이다

예문 제 고향은 산으로 둘러싸인 곳이어서 아주 조용합니다.

확장 바다로 둘러싸이다, 팬들에게 둘러싸이다

- 공존

예문 전통과 현대의 공존이 최근 건축의 특징이다.

확장 공존하다, 함께 존재하다

47. ②

듣기 대본

> 여자: 최근 보호무역 정책의 필요성이나 부작용에 대한 논의가 많은데 구체적으로 어떤 배경에서 이런 문제가 나오게 되었는지 궁금합니다.
>
> 남자: 보호무역은 경쟁력이 약한 **자국의 산업을 보호**하기 위해서 정부가 국제무역에 개입하는 제도입니다. 교역이 이루어지는 상품에 대해서 관세나 특별소비세와 같은 **세금을 부과해서 수입품의 가격을 올리거나 다른 나라 제품의 수입을 억제**하는 것이지요. 최근 세계 경제가 어려움을 겪고 있고 각국의 경제성장률 역시 최저치를 나타내고 있기 때문에 나오는 얘기입니다. 하지만 **보호무역은 시장 경제 원칙에서 벗어나기 때문에** 궁극적으로는 세계경제에 악영향을 줄 거라고 생각합니다.

풀이

① 자국 상품의 경쟁력을 높이고 경제성장률을 높이기 위해서 보호무역 정책을 편다.

② 보호무역 정책은 교역국의 물건에 높은 관세를 부과해서 수입품의 가격을 올림으로써 수입을 억제한다.

③ 보호무역은 수입품의 가격을 비싸게 해서 자국 상품의 경쟁력을 높이는 제도이다.

④ 보호무역은 자유로운 시장 경제에 따르지 않고 정부가 시장에 개입하는 무역 제도이다.

- 논의

예문 청년들의 취업 지원에 대한 논의가 한창 진행 중이다.

확장 논의하다, 논의가 활발하다

- 개입

예문 부모들의 개입으로 아이들의 문제가 더 커졌다.

확장 개입하다, 군사적 개입

- 교역

예문 외교 관계가 없는 나라와도 교역 활동이 이루어지고 있다.

확장 물자를 교역하다, 교역 조건

- 부과

예문 생필품에 대해서는 세금 부과를 없앨 예정이다.

확장 책임을 부과하다, 의무를 부과하다

- 제한

예문 입학을 지원할 수 있는 연령에 제한이 없다.

확장 제한하다, 속도제한

- 억제

예문 정부는 물가 인상을 억제할 수 있는 방안을 강구했다.

확장 인구 증가 억제, 개발 억제

49. ④

듣기 대본

> 남자: 세대를 막론하고 가장 관심을 갖는 문제는 취업일 것입니다. 취업을 원하는 사람에게 **취업 정보를 제공**하고 **저소득 구직자들에게는 생계를 위한 최소한의 소득을 지원하는** 제도가 바로 일자리지원제도입니다. 이 제도는 취업을 지원하기 위해서 직업 훈련을 실시할 뿐만 아니라 참여자와 전문 상담자가 심층 상담과 상호 협의를 통해서 개인별 어려움을 파악하고 맞춤형 해결책을 찾도록 돕고 있습니다. 또한 구직 활동을 활성화하기 위해서 구직 활동을 **성실하게 이행한 참여자에게 수당을 지급하고** 참여자들이 계획대로 활동하고 있는지, 활동 과정에 어려움은 없는지도 점검합니다. **15세 이상 69세 이하**이면 누구나 참여할 수 있어서 청장년층의 취업에 큰 도움이 될 것입니다.

① 이 제도는 모든 참여자가 아니라 구직 활동을 성실하게 이행한 참여자에게 수당을 지급한다.

② 이 제도는 일자리를 제공하는 것이 아니라 일자리 정보를 제공한다.

③ 이 제도는 15세 이상 69세 이하만 참여할 수 있다.

④ 이 제도는 저소득층 구직자들에게 최소한의 소득을 지원하고 있다.

주요 표현

• 생계

예문 우리의 아버지들은 가족의 생계를 위해서 일해야 했다.

확장 생계비, 생계를 유지하다

• 지원

예문 다자녀가정에 대한 지원을 아끼지 않을 계획이다.

확장 지원하다, 지원금

• 마련

예문 회원들이 이야기를 나누면서 먹을 수 있도록 간단한 다과를 마련했다.

확장 마련되다, 돈을 마련하다

• 훈련

예문 지진의 피해를 줄이기 위해서 대피 훈련을 한다.

확장 훈련하다, 훈련을 마치다

• 협의

예문 회사는 직원들과 사전 협의 없이 구조조정을 시행하고 있다.

확장 협의를 거치다

• 이행

예문 후보자들은 선거 공약을 충실히 이행하겠다고 다짐했다.

확장 의무의 이행, 약속을 이행하다

[유형 ④ B]

▮ 일상 대화의 내용 이해하기

13. ④

듣기 대본

> 남자: 내일부터 버스 요금이 300원 인상된대.
>
> 여자: 월급은 그대로인데 모든 물가가 너무 올라서 생활이 힘들어.
>
> 남자: 그러게. 다음 달에는 지하철 요금도 200원 오른다던데.
>
> 여자: 회사 근처로 이사 오고 싶지만 집값이 비싸서 옮길 수도 없고….

풀이

① 월급은 인상되지 않고 그대로이다.

② 내일부터 버스 요금이 인상된다.

③ 여자는 집값이 비싸서 회사 근처로 이사 갈 수 없다.

④ 여자는 물가 인상으로 생활하기가 힘들다.

주요 표현

• 요금

예문 이번 달에 에어컨을 많이 사용했더니 전기 요금이 많이 나왔다.

확장 전기 요금, 전화 요금

• 인상

예문 태풍의 영향으로 채소값이 20%나 인상되었다.

확장 가격 인상, 금리 인상

• 물가

예문 폭등하는 물가를 안정시키기 위한 방법을 찾고 있습니다.

확장 소비자 물가, 물가 인상

• 옮기다

예문 남은 짐은 제가 다음 주까지 옮기도록 하겠습니다.

확장 자리를 옮기다, 직장을 옮기다

❷ 안내 방송의 내용 이해하기

14. ③

> (딩동댕)
> 여자: 관리실에서 말씀드리겠습니다. 우리 아파트에
> 서는 부족한 주차 시설로 인해 주민 여러분들의
> 불편이 많습니다. 모두의 안전과 편의를 위해서
> 주차 구역 이외에는 주차를 하지 마시고 이중
> 주차를 금지해 주시기 바랍니다. 화단 앞쪽은
> 후면 주차 금지 구역이니 입주민 여러분의 적극
> 적인 협조와 이해를 부탁드립니다.
> (딩동댕)

풀이

① 아파트 안에 주차를 할 수 있지만 주차 시설이 부족
하다.
② 아파트 화단 앞쪽은 후면 주차 금지 구역이기 때문에
전면 주차를 해야 한다.
③ 주차 시설이 부족해서 입주민들이 불편하다.
④ 모든 주차 공간에서는 이중 주차를 금지한다.

주요 표현

• 안전
예문 등산객들을 안전을 위해서 통행을 금지했다.
확장 안전하다, 안전 점검

• 구역
예문 거리에서는 정해진 구역에서만 물건을 팔 수 있다.
확장 금연 구역, 출입 금지 구역

• 입주민
예문 이 아파트 단지의 입주민은 5천여 명이다.
확장 입주하다, 입주민 대표

• 적극적이다
예문 회사에서는 모든 일에 적극적인 사원을 선호한다.
확장 적극적으로, 소극적이다

• 협조
예문 환경보호는 모든 국민의 협조가 없으면 불가능하다.
확장 협조하다, 협조를 얻다

❸ 뉴스의 내용 이해하기

15. ④

> 남자: 어제 오후 10시쯤 인주시에 있는 3층 건물에서
> 화재가 발생했습니다. 이 화재로 60대 남성 1명
> 과 30대 여성 2명이 인근 병원으로 이송되었습
> 니다. 이들은 모두 생명에는 지장이 없는 것으
> 로 알려졌습니다. 소방 당국은 1층 화장실에서
> 불이 시작된 것으로 보고 정확한 화재 원인을
> 조사하고 있습니다.

풀이

① 이 화재는 어제 오후 10시쯤 일어났다.
② 화재의 원인을 조사하고 있다.
③ 이 화재로 목숨을 잃은 사람은 없다.
④ 이 화재로 3명이 근처에 있는 병원으로 옮겨졌다.

주요 표현

• 화재
예문 날씨가 건조해서 산불 등 화재가 많이 발생하고 있습
니다.
확장 수해, 산불

• 발생하다
예문 어제 인주시 인근에서 지진이 발생해서 시민들이 대
피했습니다.
확장 발생 원인, 사고 발생

• 이송
예문 먼저 중환자들을 병원으로 이송해 주십시오.
확장 이송하다, 환자 이송

• 생명
예문 큰 교통사고가 났는데 다행히 생명에는 지장이 없다
고 한다.
확장 생명보험, 생명을 구하다

• 지장
예문 일상생활을 지장을 받을 정도로 무릎 통증이 심해
졌다.
확장 지장을 주다, 지장을 받다

4 인터뷰의 내용 이해하기

16. ①

듣기 대본

> 남자: 동물권에 대한 논의가 증가하면서 동물 보호 센터의 활동에도 관심이 많은데요. 구체적으로 어떤 일을 하고 계신지 소개를 부탁드립니다.
>
> 여자: 저희 센터에서는 동물 보호에 대한 사람들의 인식을 바꾸기 위해서 다양한 교육 사업을 벌이고 있습니다. 또 반려동물들의 심리 치료 프로그램을 운영하고 유기 동물이나 구조 동물의 입양을 지원하는 활동도 합니다.

풀이

① 동물 보호 센터에서 사람들의 인식을 바꾸기 위해서 다양한 교육 사업을 한다.
② 요즘 동물권에 대한 논의가 많아졌다.
③ 동물 보호 센터에서는 반려동물을 위한 심리 치료 프로그램을 운영한다.
④ 동물 보호 센터에서 동물들의 심리를 치료하는 프로그램을 운영한다.

주요 표현

• 논의
예문 문제의 해결 방안에 대한 논의가 진행 중이다.
확장 논의하다, 논의가 활발하다

• 구체적
예문 보고서에는 사고의 구체적인 내용이 들어 있다.
확장 구체적이다, 구체적으로

• 인식
예문 아직 동물권에 대한 인식이 부족한 것 같다.
확장 인식하다, 인식이 바뀌다

• 운영
예문 책임자에 따라서 조직의 운영 방식이 다르다.
확장 운영하다, 운영 개선

• 지원
예문 지진으로 피해를 입은 주민들에게 정부의 지원이 있을 예정이다.
확장 지원하다, 지원금

5 공적 상황의 대화 내용 이해하기

22. ④

듣기 대본

> 여자: 선배님, 다음 주에 입사 면접이 있는데 어떻게 준비하면 좋을까요? 한 번에 면접을 통과하신 비결 좀 알려 주세요.
>
> 남자: 회사에 제출한 이력서와 자기소개서 내용을 꼼꼼히 검토하면서 예상 질문을 만들어 봐. 네가 면접관이라면 어떤 질문을 할지를 생각해 보는 거지. 그리고 첫인상이 중요하니까 면접 복장도 신경 써서 깔끔하고 단정하게 입도록 해.
>
> 여자: 처음 보는 면접이라서 너무 떨리고 긴장돼요.
>
> 남자: 면접 준비 철저히 잘하고 좋은 결과가 나오길 바랄게.

풀이

① 남자는 취업을 했다.
② 여자는 입사 면접을 볼 예정이다.
③ 면접을 잘 보려면 이력서와 자기소개서를 잘 검토해야 한다.
④ 남자는 면접관의 입장에서 예상 질문을 만들어 보라고 조언한다.

주요 표현

• 통과
예문 서류 심사에 통과해서 면접 시험을 준비하고 있다.
확장 논문이 통과되다, 법안이 통과되다

• 비결
예문 김영수 씨의 인기 비결은 다른 사람의 이야기를 잘 들어 주는 것이 아닐까?
확장 비밀, 비법

• 이력서
예문 다음 주까지 이력서와 자기소개서를 제출해야 합니다.
확장 자기소개서, 증명서

• 검토
예문 면밀한 검토 후에 사원들의 제안을 받아들이기로 했다.
확장 서류 검토, 검토하다

• 복장
예문 오늘이 첫 출근이라서 복장에 신경을 많이 썼다.
확장 옷차림, 교복

• 단정하다

예문 화려하게 옷을 입는 것보다 단정한 옷차림을 선호한다.

확장 단정한 용모, 단정하게

24. ①

듣기 대본

> 여자: 안녕하세요? 인주시청입니다. 지난달 흉기로 난동을 부린 **범인을 체포**하는 데 큰 도움을 주셔서 감사합니다. **그 공로를 인정받아 용감한 시민상 수상자로 선정이 되셨습니다.**
>
> 남자: 제가요? 그런 상황이라면 누구나 똑같은 행동을 했을 텐데 **상을 받는다니 부끄럽습니다.**
>
> 여자: 무슨 말씀을요. 이런 훌륭한 시민들이 계셔서 살기 좋은 사회가 되는 거지요. 시상식은 8월 2일 오전 10시에 진행될 예정입니다. **감사장과 포상금이 지급될 예정**이니 꼭 참석해 주시기 바랍니다.
>
> 남자: 감사합니다. 참석하도록 하겠습니다.

풀이

① 용감한 시민상 수상자는 감사장과 포상금을 받게 된다.

② 남자는 용감한 시민상 수상자로 선정된 것을 전화를 받고 알았다.

③ 흉기 난동 범인을 체포했다.

④ 남자는 같은 상황이면 누구나 같은 행동을 했을 거라고 생각하고 있다.

주요 표현

• 흉기

예문 주차 시비가 붙은 상대방을 흉기로 위협하다가 경찰에 붙잡혔다.

확장 흉기를 휘두르다, 흉기로 위협하다

• 난동

예문 40대 여성이 지하철에서 소리를 지르고 난동을 부린 사건이 발생했다.

확장 난동을 부리다, 난동을 일으키다

• 범인

예문 어제 편의점에 갔다가 도둑질을 한 범인으로 오해를 받아 기분이 나빴다.

확장 범죄인, 범죄자

• 체포하다

예문 사건이 발생한 지 10일이 지났지만 아직 범인을 체포하지 못했다.

확장 체포되다, 구속하다

• 공로

예문 한국 음식의 세계화에 기여한 공로로 올해 특별 공로상을 받았다.

확장 공로를 세우다, 공로패

• 선정

예문 지난 학기 성적을 기준으로 우수 장학생을 선정했습니다.

확장 후보 선정, 작품 선정

• 포상금

예문 올림픽에서 금메달을 딴 선수들에게 정부에서 포상금을 지급했다.

확장 상금, 상여금

26. ④

듣기 대본

> 여자: 드디어 내일 신제품이 출시된다고 들었습니다. 이번에 새로 개발된 휴대전화가 기존의 제품과 차별화되는 점은 무엇입니까?
>
> 남자: **크기와 디자인은 기존의 제품과 거의 유사합니다.** 다만 색상이 다양해져 선택의 폭을 넓혔고 기능이 향상되었습니다. 사진과 동영상 촬영을 할 때 빛을 잘 받아들여 어두운 환경에서도 선명하게 촬영할 수 있습니다. 또한 손 떨림 등을 예방하는 기능이 있어 흔들림 없는 안정적인 촬영이 가능합니다. **배터리 용량도 증대**되었습니다. 대용량 배터리를 장착하여 **하루 종일 사용하셔도 문제가 없습니다.**

풀이

① 이 휴대전화는 기존의 제품과 디자인이 유사하다.

② 이 휴대전화는 아직 출시되지 않아서 판매량을 알 수 없다.

③ 이 휴대전화는 기존의 제품과 크기와 디자인이 유사하고 기능은 향상되었다.

④ 이 휴대전화는 대용량 배터리가 있어서 하루 종일 배터리 충전 없이 사용 가능하다.

• 출시

[예문] 9월에 출시되는 휴대전화를 사전 예약하시면 사은품을 드립니다.

[확장] 출시하다, 출시되다

• 차별화

[예문] 차별화된 서비스를 제공하지 않으면 외식 업계에서 살아남기 힘들다.

[확장] 차별화 전략, 품질 차별화

• 유사하다

[예문] 한국어는 유사한 어휘가 많아서 변별해서 사용하기가 어렵다.

[확장] 닮다, 비슷하다

• 폭을 넓히다

[예문] 책을 많이 읽어서 생각의 폭을 넓혀야 한다.

[확장] 폭넓게, 폭이 좁다

• 용량

[예문] 컴퓨터 용량이 부족해서 이 프로그램을 설치할 수가 없다.

[확장] 용량 부족, 용량 초과

• 장착하다

[예문] 운전석과 보조석뿐만 아니라 뒷좌석에도 에어백을 장착했습니다.

[확장] 안전띠 장착, 내장되어 있다

28. ①

[듣기 대본]

> 남자: 우리 업무는 굳이 사무실 출근을 하지 않고 재택근무를 해도 충분한 성과를 낼 수 있는데 왜 회사에서 사무실 근무를 고집하는지 모르겠어.
>
> 여자: 비대면 상황에서 업무를 처리하다 보니까 소통 부족으로 일의 처리 속도가 느려지면서 문제가 발생한 것 같아.
>
> 남자: 그렇다고 해도 직원들의 동의도 구하지 않고 강압적으로 사무실 출근을 요구하는 것은 문제라고 봐. 재택근무와 사무실 출근을 조화롭게 운영할 수 있는 방법을 찾아보는 게 합리적이지 않을까?
>
> 여자: 하긴 재택근무의 장점도 무시할 수는 없지.

① 이 회사는 일방적으로 사무실 근무를 요구하고 있다.

② 재택근무를 왜 시행하게 되었는지에 대한 설명은 없다.

③ 이 회사는 사무실 근무를 요구하고 있다.

④ 남자는 재택근무와 사무실 근무의 조화로운 운영 방안을 모색하는 것이 좋다고 생각한다.

• 재택근무

[예문] 회사로 출근하지 않고 집에서 일하는 재택근무자가 많이 늘었다.

[확장] 원격 근무, 화상 회의

• 비대면

[예문] 환자를 직접 대면하지 않고 화상으로 비대면 진료를 하는 병원이 있다.

[확장] 대면, 비대면 수업

• 소통

[예문] 우리 팀장님은 직원들과의 원활한 소통을 하기 위해서 매달 1일 정기적인 모임을 한다.

[확장] 의사소통, 소통 장애

• 동의

[예문] 개인정보 수집에 동의하신 분들만 이 서비스를 이용할 수 있습니다.

[확장] 동의를 구하다, 동의를 얻다

• 강압적

[예문] 반려견을 교육시킬 때 강압적인 방법으로 훈련시키는 것은 좋지 않다.

[확장] 강제적, 위협적

30. ①

듣기 대본

> 여자: 경기 침체에도 불구하고 파격적인 대우로 **개발자를 영입**한다고 들었습니다.
>
> 남자: 네. 맞습니다. 우리 회사가 **신입사원 연봉으로**는 국내 최고 수준으로 알고 있습니다. 연봉뿐만 아니라 복지 혜택도 대폭 늘렸습니다. **구내식당에서 무료로 식사**할 수 있고 휴가를 마음대로 쓸 수 있는 제도도 마련했습니다.
>
> 여자: 인건비 부담이 상당할 것으로 생각되는데 회사 운영에는 문제가 없을까요?
>
> 남자: 회사 입장에서는 부담스러운 게 사실입니다. 하지만 **우리 회사는 지속적으로 성장해 왔고** 이러한 성장세를 유지시킬 수 있는 가장 중요한 것은 우수한 인재 영입이라고 생각합니다.

풀이

① 이 회사는 개발자를 모집하고 있다.
② 이 회사 신입사원들의 연봉이 국내에서 가장 높다.
③ 이 회사 구내식당에서 무료로 식사할 수 있다.
④ 이 회사는 최근 경제가 좋지 않았는데도 성장했다.

주요 표현

• 침체
예문 경기 침체의 영향인지 가게를 찾는 손님이 많이 줄었다.
확장 침체되다, 침체의 늪에 빠지다

• 파격적
예문 다음 주부터 모든 백화점이 파격적인 할인 행사를 시작합니다.
확장 파격적이다, 파격적으로

• 대우
예문 지금 다니는 회사가 일은 재미있지만 대우가 좋지 않아서 이직을 고민 중이다.
확장 대우가 좋다, 대우가 나쁘다

• 영입
예문 작년에 파격적인 대우로 해외에서 투수를 영입했지만 기록이 별로 좋지 않았다.
확장 선수 영입, 인재 영입

• 복지
예문 경제적인 어려움을 겪는 사람들을 위한 복지 정책이 활성화되어야 한다.
확장 복지 제도, 복지 혜택

• 인건비
예문 인건비가 너무 비싸서 직원을 뽑지 않고 가족들이 가게를 운영하고 있다.
확장 재료비, 회의비

34. ③

듣기 대본

> 여자: 성인병인 고혈압, 심장병 등의 원인이 되는 비만은 현대인의 질병 중의 하나입니다. **운동과 식이요법만으로는 체중 감량이 힘든 고도비만** 환자들에게 반가운 신약이 개발되었습니다. 이번에 새로 개발된 비만 치료제는 임상시험 결과 매주 1회 주사만으로 15%의 체중 감량에 성공하였습니다. 사실 이 제품은 **당뇨병 치료를 위해서 개발**되었는데 체중 감량에 효과를 보이면서 비만치료제로 활용되고 있습니다. 비만 치료 시장의 증대에 따라 제약 업계는 주사제가 아닌 **먹는 비만 치료제 개발**에 힘을 기울이고 있습니다.

풀이

① 이 신약은 처음에 당뇨병 환자를 위해 개발되었다.
② 간단하게 먹을 수 있는 비만 치료제를 개발 중이다.
③ 이 신약은 임상시험에서 15%의 체중 감량 효과가 있는 것으로 나타났다.
④ 운동과 식이요법만으로는 고도비만 환자가 체중을 줄이기는 쉽지 않다.

주요 표현

• 식이요법
예문 당뇨병 환자는 식이요법을 제대로 하지 않으면 위험하다.
확장 식사 조절, 운동과 식이요법 병행

• 체중 감량
예문 체중 감량을 위해서는 운동보다 식사량을 줄이는 것이 효과적이다.
확장 체중 조절, 체중 증가

• 고도비만
예문 고도비만은 만병의 근원이므로 반드시 치료해야 하는 질병이다.
확장 과체중, 표준 체중

- 신약

[예문] 불치병으로 여겨졌던 암을 치료하는 신약이 계속 개발되면서 암 치료율이 높아졌다.

[확장] 신약 개발, 신약 허가

- 임상시험

[예문] 고혈압 환자를 위한 새로운 약을 개발을 인주제약에서 임상시험 대상자를 모집한다.

[확장] 임상시험 단계, 임상시험 절차

36. ②

[듣기 대본]

> 남자: 드디어 오늘 마포구에 첫 공공 어린이도서관인 별빛어린이도서관을 개관합니다. 별빛어린이도서관은 모두 친환경 소재로 만들어진 어린이 특화 도서관입니다. 1층은 안내 데스크와 카페, 2층은 유아들과 부모를 위한 체험형 도서관, 3층은 아동 자료실과 문화 공간으로 조성하였습니다. 특히 3층 문화 공간의 가구는 마포 주민들의 기부금으로 구입한 것이라 더욱 뜻깊은 공간입니다. 3층 문화 공간의 명칭은 마포 주민들을 대상으로 공모를 하여 선정할 예정입니다. 어린이도서관이 어린이뿐만 아니라 지역 주민들을 위한 복합문화 공간으로 자리 잡을 수 있기를 기원합니다.

[풀이]

① 별빛어린이도서관은 유아, 어린이, 부모 등 입장이 가능하다.
② 별빛어린이도서관은 친환경 소재를 사용하여 만들어졌다.
③ 별빛어린이도서관 3층의 가구들을 마포 주민들의 기부금으로 구입하였다.
④ 별빛어린이도서관 3층 문화 공간의 명칭은 마포 주민들에게 공모하여 정할 것이다.

[주요 표현]

- 공공

[예문] 정부는 수도권에 서민들을 위한 공공 임대 아파트를 건설하기로 했다.

[확장] 공공시설, 공공 기관

- 개관

[예문] 인주 도서관은 다음 달 개관 10주년을 맞이하여 특별한 행사를 진행합니다.

[확장] 개관하다, 개관식

- 조성하다

[예문] 김영수 씨는 혼자의 힘으로 30년 동안 조성해 온 정원을 개방했다.

[확장] 기금을 조성하다, 분위기를 조성하다

- 기부금

[예문] 연말에 어려운 이웃을 돕기 위해 기부금을 모은다.

[확장] 기부하다, 기증하다

- 공모

[예문] 많은 사원들이 자사 제품 홍보 아이디어 공모에 참여했다.

[확장] 공모하다, 공모전

38. ②

[듣기 대본]

> 남자: 요즘 젊은 여성들에게 고가의 디저트가 불티나게 팔리고 있다고 합니다.
>
> 여자: 네. 그렇습니다. 사실 우리 전통사회에서는 후식이 그리 발달하지 않았습니다만 요즘에는 밥값보다 훨씬 비싼 후식을 먹기 위해 지갑을 여는 젊은 세대가 많이 증가했습니다. 이들은 맛을 즐기기보다는 분위기와 경험을 즐기고자 하는 경향이 강합니다. 이러한 디저트 열풍에는 SNS의 역할도 크다고 볼 수 있습니다. 색다른 디저트를 먹은 경험을 SNS에 공유하면서 다른 사람의 반응을 유도하기 때문이죠.

[풀이]

① 고가의 디저트 열풍의 원인은 분위기와 경험을 즐기려고 하기 때문이다.
② 밥값보다 비싼 후식을 즐기는 젊은이들이 증가했다.
③ 우리 사회는 옛날부터 전통적으로 후식을 즐기는 사회가 아니었다.
④ 고가의 디저트를 즐기고 그 경험을 SNS에 공유하는 젊은 세대가 증가했다.

[주요 표현]

- 불티나다

[예문] 폭염이 지속되면서 냉방용품이 불티나게 팔린다.

[확장] 불티나게, 불티나게 팔리다

- 경향

[예문] 요즘 젊은 여성들이 결혼을 회피하는 경향을 보인다.

[확장] 경향이 있다, 경향이 심하다

- 열풍

[예문] 복고 열풍의 영향인지 약과 등 전통 과자의 판매량이 많이 늘었다.

[확장] 열풍이 불다, 주식 열풍

- 공유

[예문] 기숙사 방은 각자의 방이 있지만 부엌은 공유해서 사용한다.

[확장] 공유 사무실, 공유 창고

- 유도하다

[예문] 많은 사람들의 참여를 유도하기 위해서 사은품을 내걸었다.

[확장] 관심을 유도하다, 이끌다

40. ③

[듣기 대본]

> 여자: 그렇다면 과거에 비해 빨라진 노화 속도를 늦출 수 있는 방법은 없을까요?
>
> 남자: 노화 속도를 늦추려면 먼저 노화 진행에 영향을 미치는 요인부터 알아야 합니다. 신체 활동, 영양, 스트레스, 수면 등이 노화에 영향을 줍니다. 요즘은 예전에 비해 **신체 활동이 많이 줄어든** 반면 가공식품이나 동물성 지방 등을 과잉 섭취하면서 **식습관은 나빠졌다**고 볼 수 있죠. 이러한 생활 습관들이 **노화를 가속화시키는 요인**이 됩니다. 의학 기술의 발달로 평균 수명은 늘어났지만 **꾸준한 운동과 식이요법** 등의 생활 **습관을 바꾸지 않는 한 노화의 진행 속도는 늦출 수 없을 것입니다.**

[풀이]

① 노화 속도를 늦추려면 생활 습관의 변화가 필요하다.

② 노화의 진행을 막을 수 있는 다양한 치료제가 개발되었다는 내용은 없다.

③ 신체 활동의 감소가 노화를 가속화시키는 원인 중의 하나이다.

④ 과거에 비해 노화 속도가 빨라졌다.

[주요 표현]

- 노화

[예문] 나이가 들면 노화 현상이 나타나는 것은 자연스러운 일이다.

[확장] 노화 증상, 노화 방지

- 요인

[예문] 이번 일의 실패 요인을 명확하게 분석해서 똑같은 일이 발생하지 않도록 합시다.

[확장] 요인 분석, 성공 요인

- 가공

[예문] 복숭아를 가공해서 통조림으로 만들었다.

[확장] 가공하다, 가공 기술

- 과잉

[예문] 적당한 영양제는 건강에 도움이 되지만 과잉 섭취는 좋지 않습니다.

[확장] 과잉보호, 과잉 반응

- 가속화

[예문] 지구온난화가 가속화되면서 기상이변이 많이 생기고 있다.

[확장] 가속화되다, 가속화하다

42. ②

[듣기 대본]

> 여자: 지금 보시는 것은 **내년에 상용화될 예정**인 날아다니는 택시, 에어 택시입니다. 에어 택시가 상용화되면 꽉 막힌 교통 체증과 환경오염 문제는 많은 부분이 해소될 것 같습니다. 에어 택시는 전기를 이용하여 운행되는데 수직 이착륙을 하므로 활주로가 필요 없습니다. 도심 한 가운데 좁은 공간에서도 운행이 가능하다는 것이지요. **상용화 초기에는 가격이 부담스럽겠지만** 정부의 계획대로 진행된다면 향후 **10년 후에는** 택시 요금 수준으로 **저렴하게 가격이 책정된다**고 합니다. 아직 배터리의 용량 부족으로 비행 **거리와 수송 무게에 제한**을 두고 있지만 배터리 기술이 계속 발전하고 있는 만큼 이 부분은 무난히 해결되리라고 생각됩니다.

[풀이]

① 에어 택시는 배터리 용량 문제로 비행 거리와 수송 무게에 제한이 있다.

② 에어 택시는 수직으로 이착륙을 하므로 좁은 공간에서
　도 이착륙이 가능하다.
③ 에어 택시는 내년에 상용화될 예정이다.
④ 에어 택시 요금은 10년 후에 택시 요금과 비슷한 저렴
　한 가격으로 이용이 가능할 것이다.

주요 표현

- 상용화
예문 자율 주행 차량이 상용화되면 교통 체증 문제도 완화
　되리라고 봅니다.
확장 상용화 단계, 상용화되다

- 교통 체증
예문 비가 오는 월요일 아침은 늘 교통 체증이 심하니까
　좀 일찍 출발하는 게 좋다.
확장 교통마비, 교통 혼잡

- 해소
예문 주택 부족을 해소하기 위해서 재개발을 추진하기로
　했다.
확장 갈증 해소, 숙취 해소

- 활주로
예문 좁은 활주로로 인한 비행기 이착륙 사고가 잦아 활주
　로를 확장하기로 했다.
확장 이륙하다, 착륙하다

- 책정
예문 새로 출시된 휴대전화 가격이 생각보다 높게 책정되
　었다.
확장 연봉 책정, 예산 책정

- 용량
예문 냉장고를 살 때 용량이 큰 제품을 선택하는 것이 좋다.
확장 대용량, 용량 초과

- 수송
예문 태풍으로 발이 묶였던 관광객들을 수송하기 위해서
　특별 수송기를 보냈다.
확장 운반, 운송

44. ③

듣기 대본

> 남자: 이것은 우주비행사들이 먹는 음식으로 장기간
> 보관이 가능하도록 진공포장이 되어 있다. 조
> 리하기 쉽고 영양분이 충분한 재료들로 만들
> 어져 있는데 뒷면에 찍찍이가 있어서 벽에 고
> 정할 수 있도록 되어 있다. 음식은 일정량의 액
> 체가 들어 있는데 이는 비행사들이 식사를 할
> 때 놓치지 않고 먹을 수 있고 음식의 부스러
> 기가 떠다니지 않게 하기 위함이다. 전문가들
> 에 따르면 우주비행사들의 식단은 하루에 평균
> 3,200칼로리를 섭취할 수 있도록 구성되어 있
> 다. 우주선의 밀폐된 공간에서 생활하는 우주
> 비행사들에게 열량이 과잉 공급되는 것이라고
> 생각할 수 있다. 그러나 중력이 없는 우주에서
> 의 일상은 단순한 행동을 할 때에도 많은 에너
> 지를 소모하게 되므로 지구에서 생활하는 우리
> 들보다 많은 영양분이 필요하다.

풀이

우주비행사들의 음식에 액체가 들어 있는 이유는 식사를
할 때 놓치지 않고 먹을 수 있고 음식의 부스러기가 떠다
니지 않게 하기 위해서이다.

주요 표현

- 진공포장
예문 음식을 진공포장하면 오래 보관할 수 있다.
확장 음식을 진공포장하다, 이불을 진공포장하다

- 액체
예문 요즘은 가루비누보다 액체 세제를 사용하는 가정이
　많다.
확장 기체, 고체

- 식단
예문 회사 구내식당에서는 매주 식단을 공개하고 있다.
확장 식단표, 식단 관리

- 밀폐
예문 밀폐된 공간에서 근무하는 노동자들은 호흡기 질환
　에 취약하다.
확장 뚜껑을 밀폐하다, 장소를 폐쇄하다

- 소모하다
예문 쓸데없는 일에 에너지를 소모하는 것은 어리석은 일
　이다.

45. ②

[듣기 대본]

> 여자: 이곳은 1985년에 국보로 지정된 근정전입니다. 경복궁의 중심 건물인 근정전 앞에 있는 넓은 마당을 조정이라고 하는데 이곳은 신하들이 임금에게 새해 인사를 드리거나 외국에서 온 사신을 맞이하는 곳이었습니다. 국가적인 행사인 조선시대 왕들의 즉위식이 이곳에서 거행되기도 했지요. **조정의 양쪽에 돌들이 있는데 이 돌은 품계석입니다.** 조선시대에 신하들은 품계에 따라 정해진 자리에 섰습니다. **품계가 높을수록 임금과 가까운 자리에 섰습니다.** 근정전은 외부에서 보면 2층 건물로 보이지만 내부는 보시는 것처럼 위아래가 트인 **단층 구조입니다.** 내부의 정면 끝에 왕의 의자인 어좌가 있고 어좌 뒤에는 조선시대 **국왕의 상징인 일월오악도** 그림이 있습니다.

[풀이]

① 근정전은 2층 건물로 보이지만 실제로는 단층 건물이다.
② 일월오악도는 조선시대 임금을 상징하는 그림이다.
③ 근정전 앞에 있는 마당인 조정에 신하의 계급을 나타내는 품계석이 있다.
④ 신하들은 품계가 높을수록 왕과 가까이 섰다.

[주요 표현]

• 국보
[예문] 서울 시내에 있는 숭례문은 국보로 지정되어 있는 문화재이다.
[확장] 국보로 지정하다, 보물

• 사신
[예문] 조선시대 때 중국으로 사신을 파견하여 두 나라의 우호 관계를 유지하고자 했다.
[확장] 사신을 보내다, 외교관

• 맞이하다
[예문] 새해를 맞이하여 규칙적으로 운동하기로 결심했다.
[확장] 손님을 맞이하다, 생일을 맞이하다

• 즉위
[예문] 70년 만에 열린 찰스 3세의 즉위식에 세계 각국 정상들이 참석했다.
[확장] 즉위하다, 취임하다

• 거행되다
[예문] 곧 결혼식이 거행될 예정이니 자리에 착석해 주시기 바랍니다.
[확장] 거행하다, 졸업식이 거행되다

• 품계
[예문] 조선시대에는 신하의 계급을 나타내는 품계 제도가 있었다.
[확장] 지위, 벼슬

47. ③

[듣기 대본]

> 여자: 박사님, 상습적으로 세금을 미납하는 사람들이 늘고 있는데요. 관세청에서 대대적인 단속을 실시해도 체납자들이 크게 줄지 않았다면서요?
>
> 남자: 네, 그렇습니다. 현재 체납 기간이 1년 이상이고 체납액이 2억 원 이상인 고액 상습 체납자들의 **명단을 공개하고 있습니다.** 또한 **해외 도피가 의심스러운 경우 출국 금지 조치 등 다양한 제재를 가하고 있지만 체납자 수는 좀처럼 줄어들지 않습니다.** 충분히 세금을 납부할 수 있는 여력이 있음에도 불구하고 체납하는 대부분의 사람들은 많은 재산을 숨기고 있는 상황입니다. 체납자 당사자뿐만 아니라 친인척 등 지인들까지 범위를 넓혀 숨겨진 재산을 추적할 필요가 있습니다.

[풀이]

① 고액 상습 체납자들의 명단을 공개했다.
② 관세청이 대대적으로 단속을 했지만 체납자 수는 감소하지 않았다.
③ 체납자 중 해외로 도망갈 위험이 있는 사람의 경우 출국을 금지했다.
④ 고액 상습 체납자들이 세금을 내지 않는 이유에 대한 설명이 없다.

[주요 표현]

• 상습적
[예문] 일회성이 아니라 상습적으로 도박을 한다면 이혼의 사유가 될 수 있습니다.

확장 상습적이다, 상습범

- 미납하다

예문 관리비를 종종 미납하는 경우가 생겨서 자동이체를 신청했다.

확장 완납하다, 납부하다

- 체납자

예문 고액 세금 체납자들의 체납세액을 정리해서 강력하게 대응할 예정이다.

확장 체납액, 체납하다

- 도피

예문 3년 동안 해외에서 도피 생활을 한 범인이 어제 검거되었다.

확장 도피하다, 도망가다

- 제재

예문 학교 규정을 지키지 않는 학생들에게는 제재를 가하는 것이 맞다고 봅니다.

확장 제재하다, 제재를 받다

- 추적하다

예문 뺑소니 사고를 내고 도주한 차량을 추적하고 있다.

확장 위치 추적, 뒤쫓다

49. ①

듣기 대본

남자: 중증 환자나 희귀 난치성 질환을 앓고 있는 환자들이 경제적 부담 없이 적기에 혁신 의료의 혜택을 누릴 수 있도록 건강보험 적용 대상을 넓혀야 합니다. 기존의 치료제로는 치료가 불가능하거나 증상을 호전시키기 힘든 중증 환자와 희귀 질환자들에게 새로운 혁신 의료는 삶의 희망입니다. 꿈의 암 치료 기술로 불리는 중입자 치료 등은 이들의 생명을 연장할 수 있는 하나의 방법이지만 치료비가 만만찮습니다. 엄청난 치료비를 자비로 부담해야 하기 때문에 건강보험이 적용되지 않으면 취약 계층이나 중위 계층 환자들은 치료를 포기할 수밖에 없습니다. 인간의 삶과 죽음이 개인의 소득 수준에 따라 결정되는 일이 발생하지 않도록 정부가 책임을 다해 줄 것을 촉구합니다.

풀이

① 현재 혁신 의료는 건강보험 적용 대상이 아니다.

② 치료비가 결정되는 기준에 대한 설명이 없다.

③ 혁신 의료는 치료가 불가능하거나 호전되기 어려운 중증 환자들을 위한 치료이다.

④ 혁신 의료는 아직 건강보험 적용 대상이 아니어서 치료비가 만만찮다.

주요 표현

- 중증

예문 응급실은 도착한 순서가 아니라 환자의 중증 상태에 따라 진료 순서가 정해진다.

확장 경증, 중환자

- 희귀 난치성 질환

예문 희귀 난치성 질환을 앓고 있는 아동들을 위한 모금 활동을 한다.

확장 희귀 질환, 만성 질환

- 혁신

예문 기술 혁신이 뒷받침되지 않으면 세계시장에서 경쟁력이 없습니다.

확장 기술 혁신, 혁신적

- 만만찮다

예문 경기 침체로 인해 대학을 우수한 성적으로 졸업해도 취업하기가 만만찮다.

확장 만만하다, 힘겹다

- 취약

예문 나는 단어는 자신이 있는데 문법 영역이 취약해서 이번 시험이 걱정이다.

확장 취약점, 취약 계층

- 촉구하다

예문 아동 학대를 방지하기 위해서 아동보호법을 신속하게 개정하라고 촉구했다.

확장 재촉하다, 요구하다